Sociología Para Todos

Lo que Experimentan Individuos y Grupos Sociales en Las Dinámicas Sociales. Teorías, Efectos y Causas de la Sociología.

Wolynn Glad

Índice

Introducción

Felicidades y gracias por descargar "Sociología para todos: Lo que experimentan individuos y grupos sociales en las dinámicas sociales. Teorías, efectos y causas de la Sociología."

La sociología es el estudio científico de cómo los grupos afectan a los individuos que pertenecen a ellos y viceversa. Se llama sociedad a las grandes sumas de personas que viven en grupos organizados, que es de donde el campo recibe su nombre.

Usted, como individuo, pertenece a muchos grupos organizados. En el nivel más pequeño usted pertenece a una familia u hogar. Los miembros del hogar pertenecen a varios grupos más grandes. Quizás usted pertenezca a un equipo deportivo, es estudiante en una escuela, y reside en un pueblo o en una ciudad particular.

Si bien el mundo en sí mismo puede considerarse, en cierto sentido, una sociedad, el grupo más grande que se ajusta a la definición de sociedad es el país en el que vivimos, que comparte un conjunto de reglas comunes y más.

En este libro, después de revisar la historia de la sociología como disciplina académica, estudiaremos el rol de los diversos grupos a los que pertenecen las personas que moldean al individuo, y cómo éste se refleja en la sociedad en la que vive. Además, examinaremos el rol que la cultura juvenil y los grupos de iguales desempeñan en la sociología, y también analizaremos el rol de los medios de comunicación.

Capítulo 1:
El nacimiento de la Sociología y conceptos básicos

El nacimiento de la Sociología y conceptos básicos

En este capítulo daremos una definición general de sociología y una breve reseña del desarrollo de la sociología como ciencia social.

Muy pocos de nosotros vive realmente solo, incluso aquellos que viven con otros en algún punto de sus vidas. Desde tiempos inmemoriales, el ser humano ha vivido en grupos cohesivos. En épocas anteriores, cada persona era un miembro de un grupo relativamente pequeño conocido como tribu. Una tribu tenía un idioma en común, costumbres que gobernaban la estructura familiar, reglas que determinaban cómo se comportaban las personas, cómo y cuándo se emparejaban y cómo se observaba la muerte de un ser querido.

Con el tiempo, las tribus se fusionaron para formar grupos más grandes que se mantuvieron unificados al observar las costumbres básicas o una forma de vida.

Esto ha continuado a través de los siglos, con sumas de personas cada vez más grandes con una cultura común, desde grupos que vivían juntos en aldeas hasta ciudades más grandes, y hoy en día, en estados nacionales. Aunque todavía existen pequeñas tribus en varias partes del mundo, la mayoría de nosotros vive en un estado nacional, que de cierta forma define nuestra existencia.

Sin embargo, el grupo más grande del cual posiblemente nos consideramos parte, no es el único grupo al que pertenecemos. Mientras que usted es ciudadano de su país, también es miembro de una familia.

Puede que también sea estudiante en una escuela particular o que pertenezca a varios clubes relacionados con sus pasatiempos e intereses.

Cada uno de estos grupos distintos tiene sus propias reglas y quizás incluso tenga subgrupos dentro de ellos. Por ejemplo, un estudiante de secundaria también se identifica con su clase académica dada, que es un conjunto de la escuela misma. La ciudad en que usted vive tiene su propia identidad, a pesar de que pertenece a un estado o nación. Cada grupo puede tener sus propias reglas y conductas distintas, y cada individuo tiene su propia percepción de cómo encajan en cada grupo diferente. Cada grupo tiene su propia cultura, a la cual se puede definir como un conjunto compartido de conductas y creencias comunes a todos los miembros del grupo. La cultura define las reglas que establecen el comportamiento de sus miembros.

Si bien pensamos en la cultura en términos generales, como francés o estadounidense, el concepto de cultura se aplica a todos los grupos. Por ejemplo, un jugador de baloncesto de la escuela secundaria "City High School" en Estados Unidos, en realidad pertenece a tres culturas diferentes, cada una comparte sus costumbres con las otras pero también tienen sus atributos únicos.

La ciencia de la sociología estudia grupos de personas y cómo interactúan entre sí. Mientras que las personas generalmente piensan que la sociología estudia la sociedad en general, de hecho, los sociólogos estudian grupos de todos los tamaños. Sin embargo, en el núcleo del estudio de la sociología yace el estudio de una sociedad. Usted probablemente posee una comprensión informal sobre lo que es una sociedad, pero para el estudio de la sociología necesitamos una definición concreta. Una sociedad debe tener tres atributos básicos:

- Es un grupo de personas (de cualquier tamaño)

- Viven en un área geográfica confinada e interactúan entre sí
- El grupo comparte una cultura en común.

El término sociología tiene sus raíces en el latín y significa "el estudio de compañeros". El sufijo –logía significa "estudio de", mientras que socio significa "compañero".

Los sociólogos pueden estudiar grupos a nivel macro y a nivel micro. Su comprensión intuitiva de lo que significan estos términos probablemente sea correcta. Los estudios a nivel macro examinan grupos más grandes, incluyendo el comportamiento y la historia de esa sociedad, mientras que los estudios a nivel micro examinan grupos más pequeños dentro de la sociedad general, incluyendo comportamientos individuales. Sin embargo, el estudio siempre involucra en su núcleo al estudio de interacciones con grupos y sociedades, y no involucra el estudio de los individuos, que es el dominio de la psicología.

La ciencia de la sociología se creó en Francia, en la época de la Revolución Francesa. Surgió de una creencia, que creció durante la iluminación tardía, de que debería existir un enfoque científico para todo y que la sociedad podría ser guiada científicamente hacia el progreso.

El término sociología fue acuñado por primera vez (como sociologías) por el pensador francés Emmanuel Joseph Sieyès (1748-1836). Sieyès comenzó su carrera en la iglesia católica y desempeñó un rol central en la Revolución Francesa y en el ascenso de Napoleón al poder. Si bien estuvo involucrado en el desarrollo temprano de las ciencias sociales, no fue realmente hasta cincuenta años más tarde que Auguste Comte (1798-1857), filósofo francés, comenzó a desarrollar la ciencia de la sociología.

Comte desarrolló la teoría social del positivismo. En general, el positivismo es una filosofía que tiene sus raíces en una perspectiva científica que intentó aplicar la ciencia de la física, matemática y química a otros esfuerzos humanos. En resumen, el mundo de la física está regido por leyes matemáticas precisas. Un ejemplo de esto es la Ley de la Gravedad, que explica el movimiento de los planetas y los cuerpos que caen.

Comte creía que la sociedad también opera mediante un conjunto de leyes, tal como lo hace el mundo físico. Las ciencias duras se basan en un conjunto de conceptos, tales como el desarrollo de teorías o hipótesis. Estas teorías se prueban mediante experimentos o contra observaciones en el mundo físico, proceso conocido como el método empírico. Esa evidencia se recopila a través de la experiencia en el mundo real mediante la observación o realizando experimentos.

Luego se compara la evidencia con la teoría o la hipótesis en cuestión. Si la teoría no concuerda con los datos observados, se descarta o se modifica. Alternativamente, podemos construir una teoría comenzando con una observación o un resultado experimental primero, para intentar explicar el fenómeno.

Comte propuso que este método de adquisición de conocimientos se aplicara a la sociedad misma. Creía que la sociedad humana estaba evolucionando a través de una serie de tres fases, de las cuales las dos primeras involucran conocimiento imperfecto. La primera fase, que había gobernado a la sociedad desde tiempos ancestrales hasta la iluminación, fue la fase teológica. Este tiempo fue gobernado por verdades aceptadas según lo definido por la Iglesia. Los hechos fueron transmitidos por autoridades religiosas para ser "creídos" por la sociedad.

La segunda fase en la evolución de sociedades descrita por Comte es la etapa metafísica. Según Comte, esta fase comenzó con la iluminación y duró todo el período inmediatamente después de la Revolución Francesa. Como lo implica el término, la etapa metafísica definida por Comte fue una fase en la que las ideas se desarrollaron en términos abstractos. En esta fase, las causas no se conocen realmente o no se entienden bien. Mientras que en la ciencia, una teoría se confirma o se rechaza por la evidencia empírica, en la sociología, la etapa metafísica se define por el pensamiento especulativo que no se compara con la realidad. En la etapa metafísica, las explicaciones se dan en términos de "causas finales" o esencias, una forma de explicar el mundo que tiene sus raíces en Aristóteles.

La tercer y última etapa según Comte, es la fase positivista. Aquí es donde se aplica una forma científica de obtener conocimientos. Se recopilan los datos del mundo real y se analizan y reúnen en un marco coherente. Se puede pensar que la etapa metafísica está dominada por pensamientos y sueños, mientras que la etapa positivista está definida por la ciencia y los datos observacionales.

Comte desarrolló la idea de aplicar el método científico a la sociedad misma, y también creía en el "progreso" humano. Mirando a la Iglesia Católica, Comte sintió que la sociedad podía modelarse en la jerarquía de la Iglesia pero sin los aspectos religiosos. Se podía guiar a la sociedad hacia los objetivos deseados.

Durante la última mitad del siglo XIX, el Darwinismo social se hizo influyente. Esto es, la aplicación del principio de la selección natural desarrollada por Darwin para el estudio de la sociología. El proponente más famoso de esta escuela fue un filósofo inglés llamado Herbert Spencer (1820-1903). En el Organismo Social, Spencer argumentó que las sociedades, como organismos vivos, evolucionan a través de un proceso de selección natural hacia una mayor complejidad.

Se veía a la sociedad como gobernada por una lucha por "la supervivencia de los más aptos". Si bien las teorías del Darwinismo social ganaron algo de popularidad a finales del siglo XIX, ahora se las considera en gran parte desacreditadas.

Ahora, pasamos a **Émile Durkheim (1858-1917)**, sociólogo francés. Se lo considera el fundador de la ciencia moderna de la sociología. Si bien Durkheim retuvo la idea principal presentada por Comte, con su propia marca de positivismo; que las ciencias deberían aplicarse al estudio de la sociedad, rechazó gran parte de la filosofía positivista. En 1895, Durkheim publicó "Las reglas del método sociológico" que estableció a la sociología como ciencia social. En este trabajo seminal, Durkheim expuso el argumento de que el método científico riguroso, tal como se utiliza en campos como la química y física, debe aplicarse al estudio de la sociología. Durkheim propuso dos tesis centrales:

- La sociología debe usar el método científico objetivo. En la medida de lo posible, deben evitarse los prejuicios y el juicio subjetivo.
- La sociología debe tener un objeto de estudio específico.

Durkheim hizo más que teorizar, aplicó estos conceptos en la práctica. Dos años más tarde, publicó lo que se considera el primer estudio científico de hechos sociológicos en un libro llamado "Suicidio". En "Suicidio" encontramos un estudio que se reconoce al instante como el tipo de estudio científico de los problemas sociales que vemos hoy en día. Durkheim definió cuatro clasificaciones o tipos de suicidio diferentes. Luego reunió datos sobre suicidios e hizo un análisis para encontrar varios datos clave sobre el suicidio en ese momento. Algunos ejemplos son:

- La tasa de suicidios es más alta entre protestantes que entre católicos.
- La tasa de suicidios entre hombres es más alta que entre mujeres.
- Las tasas de suicidio disminuyen en tiempos de guerra.
- Cuanto más alto el nivel de educación, más alta es la tasa de suicidios; sin embargo, esto no se mantuvo en general y dependía de la religión

del individuo. Los judíos con niveles de educación más altos en realidad tenían tasas de suicidio más bajas.

El trabajo de Durkheim también demostró cómo los métodos de la ciencia pueden aplicarse a una cuestión sociológica. Por ejemplo, podemos formar una hipótesis de que los miembros de la religión protestante tienen más probabilidades que los católicos de elegir el suicidio. Entonces, esta afirmación puede probarse con datos reales recopilados de los registros de suicidios.

Durkheim distinguió cuatro tipos de suicidio que remiten a los grados de integración y regulación de la sociedad:

Integración baja → suicidio **egoísta**

Integración alta → suicidio **altruista**

Regulación baja → suicidio **anómico**

Regulación alta → suicidio **fatalista**

Si bien Durkheim ha probado ser extremadamente influyente, a comienzos del siglo XX también se produjo el surgimiento del movimiento antipositivista entre los sociólogos alemanes. Este movimiento tomó el punto de vista opuesto, afirmando que los métodos de las ciencias físicas no podrían aplicarse al estudio de la sociología. Entre los miembros más influyentes de este movimiento se encontraba **Weber (1864-1920)**. Mientras que Durkheim hizo énfasis en el enfoque empírico de la sociología, Weber propuso un enfoque interpretativo, que toma en cuenta los propósitos y el significado a través del cual actúan las personas. Según los antipositivistas, se deben considerar los aspectos culturales de la sociedad.

Charles Cooley (1864-1929) fue un sociólogo estadounidense. Cooley vivió durante el período de gran industrialización en Estados Unidos, y esto ayudó a formar sus puntos de vista. Observó que (en su opinión) a medida que el país se industrializaba, las personas se volvían más individualistas y competitivas. Comenzaron a distanciarse de las tradiciones y de los valores familiares. Temía que las personas estuvieran rechazando valores tradicionales y definió el concepto de grupos primarios, que eran estructuras sociales que ayudaban a mantener a las personas con una base moral, y brindó soporte básico y una sensación de seguridad entre sus seguidores.

El siglo XX vio muchos desarrollos en la sociología y en el surgimiento de sociólogos estadounidenses. Surgieron los conceptos de macro sociología; el estudio de evolución de sociedades, y micro sociología; el estudio de las interacciones sociales diarias. Se desarrollaron varias escuelas de pensamiento, incluyendo la teoría crítica y el constructivismo social.

El desarrollo principal después de la Segunda Guerra mundial fue poner a la sociología en una base científica sólida que incorporara el análisis estadístico. Esta fue una extensión lógica de los fundamentos establecidos por Durkheim a finales del siglo XIX. Se desarrollaron formalmente métodos de investigación cuantitativos y cualitativos y los aplicaron gobiernos y universidades. Paul Lazarsfeld (1901-1976) fundó la Oficina de Investigación Social Aplicada en la Universidad de Columbia, fundando la sociología matemática. Un avivamiento positivista también fue extremadamente influyente en el siglo XX.

Charles Wright Mills (1916-1962) se hizo conocido por su estudio de las élites estadounidenses en política, negocios, y militancia. Esto se describió en un libro famoso llamado "La élite del poder" publicado en 1956. La sociedad estadounidense ha cambiado mucho desde 1956, por lo tanto, no queda claro que tan relevante son sus observaciones hoy en día.

Daniel Bell (1919-2011) fue un sociólogo estadounidense interesado en cómo las grandes instituciones moldean al individuo. En un libro publicado en 1973, llamado "El advenimiento de la sociedad post-industrial", Bell argumentó que la sociedad se transformaría en una economía orientada a la información y al servicio.

Bell también fue conocido por su libro "Las contradicciones culturales del capitalismo" (1976). En este libro, Bell observó que el crecimiento de los estados de bienestar combinados con una cultura basada en el consumo, chocaba con los valores del capitalismo.

El capitalismo promueve una ética de trabajo protestante basada en individuos altamente productivos, mientras que la cultura de consumo que había comenzado a dominar Estados Unidos se basaba en la gratificación instantánea y demandas interminables. El estado del bienestar se sumó a la mezcla al crear masas de personas que esperaban que el gobierno cubriera sus demandas consumistas. Para satisfacer las demandas del estado del bienestar, el gobierno y la cultura tuvieron que seguir fomentando el progreso del capitalismo y el trabajo duro de los individuos productivos. Estas demandas competitivas ejercían presión en el estado y en la sociedad. El libro parecía oportuno, ya que desde mediados hasta fines de los años 70 fue un momento de gran agitación económica en Estados Unidos.

Capítulo 2:
La familia y la socialización primaria

La familia y la socialización primaria

La unidad primaria de socialización en cualquier sociedad es la familia. En la sociología, se considera a la familia la más básica o fundamental unidad sociológica de cada sociedad. Una estructura familiar se encuentra en todo el mundo dentro de cada sociedad. Los miembros de una familia generalmente están relacionados por sangre o matrimonio pero también puede incluir miembros adoptados. Cuando hablamos de una unidad compuesta por uno o ambos padres y sus hijos, nos estamos refiriendo a la familia nuclear. La familia en la que nacemos se llama familia de orientación.

Muchos conceptos son importantes para comprender el rol de la familia y cómo encaja en la sociedad general.

La familia es el agente principal de socialización, es decir que la familia es el vehículo principal que entrena, forma y moldea a los niños de la familia para que se adapten a la sociedad.

Con el primer hijo, el proceso de socialización está impulsado sólo por los padres, pero cuando el niño nace en una familia con varios hijos, los hermanos mayores también desempeñan un rol en la socialización primaria del niño.

En las sociedades occidentales, a pesar de que actualmente hay mucha más igualdad entre el hombre y la mujer que antes, el modelo familiar es principalmente patriarcal, es decir que la línea de parentesco o herencia fluye a través de la familia del padre, y se considera al padre la autoridad máxima de la familia. Claro que en realidad este es un modelo idealizado, pero muchas personas todavía lo conservan en su mente.

Una familia matrilocal es aquella en la que se compone solo de la madre y sus hijos. Las razones de la existencia de este tipo de estructura familiar pueden variar, quizás comenzó como resultado del divorcio, o una madre con los medios financieros apropiados puede elegir tener una familia sin el padre presente.

El modelo familiar edípico se compone de un esposo y la esposa y sus hijos como una unidad distinta aislada del mundo exterior. El verdadero aislamiento del mundo exterior no es posible para la mayoría de las personas que deben interactuar con la sociedad para funcionar, y que encuentran su casa invadida por las fuerzas de los medios de comunicación.

Esto sucede a través de la televisión, la radio, internet, videojuegos, películas y dispositivos móviles con aplicaciones. Incluso sin todos estos inventos; a menos que la familia esté viviendo independientemente en las montañas o en Alaska, las interacciones diarias requeridas para trabajar, obtener comida o interactuar con vecinos, aseguran que ninguna familia esté realmente aislada.

Las relaciones familiares se describen por parentesco. El parentesco significa que existe una relación de matrimonio, sangre o adopción. El concepto de parentesco se extiende más allá de la familia inmediata e incorpora tías, tíos, primos y abuelos. En resumen, el parentesco describe el grado de relación entre individuos.

El parentesco es más cercano con padres y hermanos, más lejano con abuelos, tías, tíos y primos, y más lejano aún con primos segundos y otros parientes de mayor grado.

Los individuos en las sociedades occidentales tienden a tener fuertes vínculos con la familia inmediata así como con tías, tíos, primos y abuelos. Aquellos que comparten parentesco pero se encuentran afuera de la familia nuclear se llaman familia extendida. En muchas sociedades, la familia extendida desempeña un rol fundamental y más significativo que lo que se observa en las sociedades occidentales hoy en día.

Las líneas de parentesco pueden ser patrilineales, donde la descendencia de los individuos se rastrea a través de los ancestros del padre, o matrilineal cuando la descendencia se rastrea a través de los ancestros de la madre.

Además, se considera que la familia "pertenece" a la línea de parentesco del padre en una sociedad patrilineal o a la línea de parentesco de la madre en una sociedad matrilineal. Si bien las sociedades occidentales son nominalmente patriarcales, muchas personas en realidad rastrean su ascendencia a través de las dos y sienten que pertenecen a ambas líneas. Cuando una sociedad tiene un linaje estrictamente de uno o de otro se denomina unilineal.

Es la familia inmediata o nuclear la que proporciona la socialización primaria en los niños en las sociedades occidentales modernas. En otras sociedades, la familia extendida e incluso la tribu entera desempeña un rol más amplio, pero en sociedades occidentales, nuestra estructura familiar está relativamente aislada, aunque como se mencionó anteriormente, ninguna familia está nunca completamente aislada. El rol de los padres provee la base de la socialización del niño. Se encuentran incorporadas dentro del rol de crianza varias responsabilidades y actividades:

- Respaldar las necesidades físicas inmediatas del niño, tales como proporcionar comida, refugio, calor o brindar acceso a la atención médica.
- Satisfacer las necesidades emocionales del niño, especialmente hasta los seis años.
- Durante la infancia, impulsar el desarrollo intelectual del niño. A medida que crece, este rol continuará pero disminuirá con el tiempo.
- Integrar al niño en la sociedad, para que aprenda los valores, la moral y los patrones de comportamiento de la sociedad en la que vive.

De hecho, los agentes de socialización pueden considerarse en tres niveles principales:

- El nivel individual. Es decir, los participantes reales, como el niño y su madre.
- El nivel familiar. Socialización por parte de toda la unidad familiar, incluso la madre y padre, y hermanos mayores (si los hay). Si hay familiares en la proximidad geográfica, la

familia extendida de abuelos, tías, tíos y primos pueden desempeñar un rol aquí también.

- Nivel social. Cumplir con las normas sociales y expectativas, valores y estima asociados con varios roles familiares. Los padres también están sujetos a la socialización a nivel social, por ejemplo, incorporando lo que se espera de ellos como padres tal como lo define la sociedad en la que viven.

Es importante reconocer que la socialización de un niño no está necesariamente restringida por las costumbres de la sociedad en la que vive. De hecho, muchos niños serán parte de muchas sociedades, o subculturas dentro de la cultura en que se encuentran. Por ejemplo, para los inmigrantes recientes, un niño puede tener que aprender no solo las formas de la sociedad, sino también aquellas de su grupo étnico, que pueden diferir en algunos aspectos.

Esto puede incluir no solo aprender más de un idioma, sino también reglas básicas de interacción o civismo, que se definen como amabilidad y cortesía en la conducta y el habla.

El comportamiento esperado, relaciones entre géneros, comida, y formas de vestirse, pueden diferir en la subcultura dentro de la cual se cría al niño comparado con su cultura.

Otro ejemplo donde un niño será incorporado en múltiples subculturas es cuando se lo cría en un ambiente religioso. Los judíos y católicos tienen sus propias reglas sociales, comidas e interacciones que son únicas dentro de su subcultura, entonces el niño tendrá que socializar en su subcultura religiosa única así como en la cultura de la sociedad donde vive.

Si bien los padres recibirán asistencia de otros miembros de la comunidad, y posiblemente de líderes religiosos, en los detalles de la socialización en esos grupos diferentes, la socialización primaria o fundamental la hacen los padres, ya sea una familia con dos padres que consista en una madre y un padre, una pareja del mismo sexo, o una familia con solo uno de los padres. En general, se han identificado diferentes estilos de crianza:

- *Crianza autoritaria*: es una visión más tradicional de la crianza donde el padre o la madre asume un rol estricto de autoridad con un conjunto de reglas rígidas que el hijo debe seguir. Se usan castigos frecuentemente.

- *Crianza autoritativa:* en este caso, el padre o la madre conserva un rol de figura de autoridad pero lo hace de una forma más flexible. Se enfoca en el refuerzo positivo en vez de en reglas estrictas, y los castigos no son frecuentes. Un estilo de crianza autoritativa apoya la autonomía del niño, generalmente dentro de ciertos límites.

La raza, clase, etnia y otros factores tienen una fuerte influencia en el proceso de socialización. Los padres más adinerados tendrán más tiempo y recursos para dedicar a "expandir los horizontes del niño". Las investigaciones indican que los padres con ingresos más bajos le dan más peso a la obediencia y al cumplimiento de las reglas de la sociedad, mientras que los padres adinerados harán más énfasis en el aprendizaje, la creatividad, los pasatiempos y juicio. Hasta cierto punto, los niños se incorporan a su clase de esta forma, aunque en Estados Unidos y en la mayoría de las sociedades occidentales existe una gran movilidad económica entre clases.

Si bien tenemos una visión tradicional de la familia como un hogar con dos padres, un hombre y una mujer, junto con los niños, las familias modernas son cada vez más diversas y complejas en su estructura. En el pasado, una familia se definía en la mayoría de las sociedades a través de una institución llamada matrimonio. Por esta razón, cualquier discusión sobre la familia debía comenzar con la consideración del matrimonio. En un sentido idealista, el matrimonio es un contrato social entre dos personas. En la era moderna, se ha aceptado que las dos personas son adultas por motivos legales o por ser mayores de edad; sin embargo, este no siempre es el caso. En cualquier caso, la unión ha sido reconocida por mucho tiempo como la incorporación de algún tipo de relación sexual y se idealiza como la formación de la unión permanente que dura toda la vida.

En tiempos modernos, el matrimonio, como la estructura familiar misma, se está volviendo más complejo y diverso. Pero en realidad, el matrimonio siempre ha tenido una estructura más diversa. Por ejemplo, en muchas sociedades, la poligamia, donde un hombre tiene múltiples esposas, se ha considerado una forma aceptable de matrimonio. De hecho, en muchas sociedades, este arreglo aún se considera deseable. Hoy en día, la estructura diversa del matrimonio también incluye uniones del mismo género.

Si bien el matrimonio ha sido considerado tradicionalmente la piedra angular de la unidad familiar, hoy en día, esto también se ha vuelto más diverso. Las familias con padres solteros son comunes, y las personas usualmente viven juntas e incluso crían hijos sin un contrato formal de matrimonio.

Aunque el rol primario de la familia, desde un punto de vista sociológico, es formar un pequeño grupo para criar y socializar niños, este concepto es flexible. Muchas personas ven a un esposo y esposa, que viven juntos solos, como una familia aunque no haya hijos presentes. Las parejas homosexuales con o sin hijos pueden o no verse como una estructura familiar por el público en general; sin embargo, los sociólogos ven estos arreglos como una estructura familiar.

Una familia pasa por varias etapas que han sido identificadas por sociólogos. Cada fase de la existencia de una familia tiene su propio conjunto de reglas y desafíos.

La primera fase es el marco de tiempo cuando dos personas entran en el contrato del matrimonio pero no tienen hijos.

Desde aquí, la familia ingresa en cinco fases que pueden superponerse según las edades de los niños presentes en el hogar, estas son: procreación (hasta los dos años y medio), preescolar, edad escolar, adolescencia y una fase de lanzamiento en la que los hijos se van del hogar para comenzar sus propias vidas adultas. Obviamente, estas fases no siempre son distintas, ya que muchas familias tendrán hijos de varias edades. La etapa final es el "nido vacío" donde todos los hijos han dejado el hogar.

Independientemente de su estructura detallada, la familia es el vehículo principal para capacitar a los niños para la vida adulta en la sociedad. Los padres les enseñan a los hijos como pensar y comportarse. Los métodos utilizados se transmiten de generaciones pasadas y pueden reflejar no solo la cultura general dentro de la cual vive la familia actualmente, sino también la historia cultural de la familia misma.

Por ejemplo, la primera generación de una familia inmigrante incorporará los niños a la sociedad siguiendo las formas de la sociedad a la que la familia ha inmigrado, pero también les enseñará las tradiciones del hogar o país de origen. La familia también actúa como unidad económica, cooperando económicamente para obtener comida, refugio, y para proporcionar medios para actividades secundarias como la educación.

Es importante tener en cuenta que si bien la estructura familiar puede determinarse por el matrimonio y los ancestros, no es siempre el caso. Los niños pueden ser adoptados en una familia y en un ambiente saludable; se apoyarán en la familia adoptiva como grupo social primario sin objeciones ni estrés.

Este rol de socialización tiene muchos aspectos. Los niños no solo aprenden normas culturales, creencias y reglas de la unidad familiar que los introduce en la sociedad, sino que también aprenden normas de comportamiento y modales que los ayudarán a interactuar de forma civil con otros miembros de la sociedad. Estos esfuerzos son exitosos o no dependiendo, en gran parte, de qué tan bien integrados están los padres en la sociedad. Es bien sabido que muchos padres, al no tener buenos modales, producirán hijos que no los tengan tampoco.

La unidad familiar también sirve para enseñar el idioma, permitiéndoles participar de la forma más fundamental con otros miembros de la sociedad a través de la comunicación básica. La unidad familiar también comienza el proceso de educar al niño, generalmente con los miembros adultos de la familia leyendo a los niños pequeños, dándoles su primera experiencia formal de aprendizaje.

Históricamente, las familias se vieron forzadas para utilizar la división del trabajo que lleva a los roles de género. En el siglo XIX en Estados Unidos, antes de la invención de muchas herramientas que ayudan a las actividades cotidianas, tales como lavar ropa, cocinar, y limpiar, estas tareas requerían gran cantidad de trabajo y llevaban mucho tiempo durante el día promedio. Los miembros femeninos del hogar realizaban tales tareas como una cuestión de expectativa. Esto era trabajo duro. Se ha estimado que muchas mujeres caminaban muchos kilómetros por día solo para obtener agua para el hogar. Lavar la ropa y arreglar el agua utilizada para el baño eran ambos un gran esfuerzo. Los hombres de la familia trabajaban fuera del hogar en varias actividades, pero para la mayoría de las personas, esto implicaba trabajo físico en una granja o una fábrica. Los sociólogos consideran que los roles fuera del hogar son instrumentos y el trabajo doméstico expresivo. Los roles expresivos dentro del hogar no sólo están relacionados con la realización de tareas domésticas o cocinar, sino que también implican proporcionar soporte emocional para la familia.

La división del trabajo a lo largo de líneas de género y el desarrollo de los roles de género han continuado en la familia moderna. Si bien los roles de género se han vuelto más flexibles en las décadas recientes y las mujeres tienden a tener carreras fuera del hogar, los hombres todavía tienden a tener roles instrumentales en la estructura económica de la familia, mientras que la mujer adulta en el hogar tiende a asumir roles más expresivos. El rol expresivo en la familia también implica el cuidado físico de los hijos.

La socialización primaria se lleva a cabo desde la infancia hacia la primera niñez y es proporcionada al niño por el grupo primario, que es la familia cercana. Los miembros de un grupo primario han compartido un sentido de identidad común y unidad con el grupo primario, en este caso, la familia.

La socialización primaria es un período de tiempo en la vida cuando el niño aprende conceptos básicos de otros miembros de la familia, que incluyen:

- Formas de comportamientos aceptables e inaceptables durante interacciones interpersonales.

- Enseñar a un niño cómo vestirse y a utilizar objetos de uso común en la cultura, desde tenedores y cuchillos hasta iPads.

- La forma correcta de relacionarse con los demás.

- Cómo categorizar a diferentes personas con las que el niño interactuará. ¿Es una persona un miembro de la familia, un amigo, un extraño o una figura de autoridad social, como un maestro o un policía?

- Valores básicos, morales y creencias. Estos reflejarán la sociedad pero también pueden incluir los particulares a una subcultura o unidad familiar misma.

- Una cosmovisión básica. No lo pensamos conscientemente, pero nuestras actitudes y percepciones están moldeadas por la visión del mundo inculcada en nuestras mentes desde el principio por nuestros padres, además de estar fuertemente influenciados por la sociedad.
- Siguiendo la visión del mundo, el niño es socializado por los padres para aprender lo que es real y lo que es fantasía o imaginario.
- Formación de relaciones y vínculos.
- Normas sociales y prácticas culturales de la sociedad general.
- Cómo comunicarse correctamente con otras personas
- Modales básicos y compromiso civil.
- Aprender conceptos básicos que son fundamentales para las interacciones humanas, tales como honestidad, confianza y amor.
- Idioma.
- Creencias y valores religiosos o falta de ellos.
- Cultura y clase económica.

- Observación – el comportamiento de adultos hacia otros y en situaciones conflictivas enseñarán al niño cómo comportarse en la sociedad mientras que el niño observa y experimenta las acciones de sus padres en situaciones sociales.

Además, la familia forma la estructura de apoyo principal para el niño, proporcionando comida, refugio y apoyo emocional. Cuando surgen conflictos para el niño, la familia proporciona orientación básica. Durante mucho tiempo se ha reconocido que para el niño, el apoyo constante de la estructura familiar es vital para su desarrollo en adultos sanos y productivos.

Dado su rol central en la socialización, la unidad familiar que consiste en los padres y hermanos, a veces se conoce como la familia de orientación.

En el pasado, la socialización primaria estaba restringida a la familia misma y amigos cercanos de la familia. Esto no solo incluía a los padres sino que también podía incluir abuelos, primos, tías, tíos, amigos y niños mayores en la familia. Los niños también fueron expuestos a la sociedad a través de interacciones grupales tales como ir a la iglesia o a través de su vecindario donde eran posibles las interacciones con otras familias.

Hoy en día, la socialización primaria es más compleja. Esto ha sucedido como resultado de varios factores. El primero fue la introducción de los medios masivos a través de la televisión. Esto permitió que elementos de la sociedad conectaran con niños pequeños directamente a través de programas televisivos.

El rol de los medios masivos en la socialización primaria se ha expandido desde entonces, con la introducción de computadoras, internet y celulares y *tablets*. Hoy en día, muchos niños comienzan su experiencia educacional en casa utilizando aplicaciones y juegos en *tablets* computarizadas. Estas tecnologías pueden verse en cierto sentido como una extensión de los medios masivos; sin embargo, nuevas tecnologías permiten la interacción con el potencial de enseñar a los niños y ayudar a socializarlos o no, dependiendo de su punto de vista.

Los medios de comunicación, en todas sus formas, impactan en el desarrollo social del niño, y en cómo ven el mundo a su alrededor y en su relación con él. Los niños incorporarán muchos mensajes promovidos por los medios de comunicación. Esto puede incluir mensajes tanto positivos como negativos y puede llevar a expectativas poco realistas a medida que el niño crece. Los medios de comunicación también debilitan el rol de la familia cercana en la socialización primaria.

Dos factores más que han influido en la socialización primaria son las mujeres que trabajan fuera del hogar y la educación. Cuando ambos padres, o en un hogar con un solo padre, donde la mujer trabaja fuera en horario completo, es necesario que los niños pequeños tengan alguna forma de guardería. Esto proporciona una vía temprana de contacto con miembros de la sociedad general, incluidos los adultos fuera de la familia y otros niños, que pueden no haber ocurrido en épocas anteriores. En siglos anteriores, la mayoría de los niños pequemos pasaban todo el tiempo con sus madres y hermanos mayores. Este ya no es el caso. Puede ser una cuestión de si en la red esta situación es positiva, negativa o neutral, pero también es cierto que esto proporciona a los niños interacciones que pueden tener un gran impacto en su socialización primaria.

La educación también tendrá influencia en la socialización primaria. En el pasado, los niños no entraban en el sistema educativo hasta el jardín de infantes, a los cinco años o cuando comenzaban a ir a la escuela en primer año. Hoy en día, como muchos padres trabajan fuera del hogar, el pre-escolar se ha vuelto una forma aceptable de mantener a los niños ocupados en el día. El pre-escolar también ha sido extendido a edades más tempranas, pero para muchos, solo es un seguimiento de las experiencias de guardería. Una vez más, es posible que los impactos a largo plazo de estos programas no se conozcan por completo, pero es indiscutible que estos arreglos están introduciendo más interacción con la sociedad general para niños pequeños de lo que experimentaron fuera de la familia en el pasado. Esto reduce el impacto de los padres a medida que los de afuera se involucran más en la integración del niño en la sociedad.

Capítulo 3:
La familia y la socialización secundaria

La familia y la socialización secundaria

A menos que vivan en las zonas salvajes de Alaska, la unidad familiar no existe en el vacío. La sociedad general llegará al interior de un hogar a través de varios tipos de medios de comunicación. Los niños interactuarán con los vecinos, incluyendo otros adultos y niños en las proximidades cercanas que pueden convertirse en amigos. En este capítulo, abordamos el siguiente nivel de parentesco y los roles que desempeña en la socialización – la familia extendida de abuelos, tías, tíos, y primos.

En sociología, podemos dividir los grupos en: grupos primarios y secundarios (incluso se puede ir más lejos). Los grupos primarios son más pequeños que los secundarios, y proporcionan interacciones personales más cercanas e íntimas.

Las relaciones primarias son duraderas, tales como las relaciones como un hermano o sus padres. Las relaciones secundarias o terciarias también pueden ser duraderas pero no necesariamente lo son. Está claro que la familia nuclear forma la base de las relaciones primarias para el niño, y desempeña el papel de agente primario de socialización.

La familia secundaria está formada por parientes cercanos – abuelos, tías, tíos, y primos. Si bien las interacciones con miembros de la familia secundaria son menos frecuentes y menos íntimas, la familia secundaria también puede desempeñar un rol importante en el proceso de socialización. El grado en que lo haga depende de varios factores, como la proximidad geográfica y el estado de las relaciones entre los padres y los miembros de la familia secundaria.

Dos temas que surgirán repetidamente en cualquier debate sobre el rol de los abuelos son los cambios sociales y demográficos. Los cambios sociales se reflejan en la estructura del núcleo familiar. Esto puede incluir divorcio, parejas del mismo sexo y padres solteros. Sin embargo, también implica otros cambios sociales, como las mujeres que esperan hasta edades más avanzadas para tener su primer hijo. Otro factor, quizás inesperado, es la elección de algunos por usar métodos de inseminación artificial para tener una familia sin un padre presente. Esto puede o no recibirse de forma favorable por los abuelos y puede impactar la futura relación. Otros factores a considerar son el uso de tratamientos de fertilidad y la adopción.

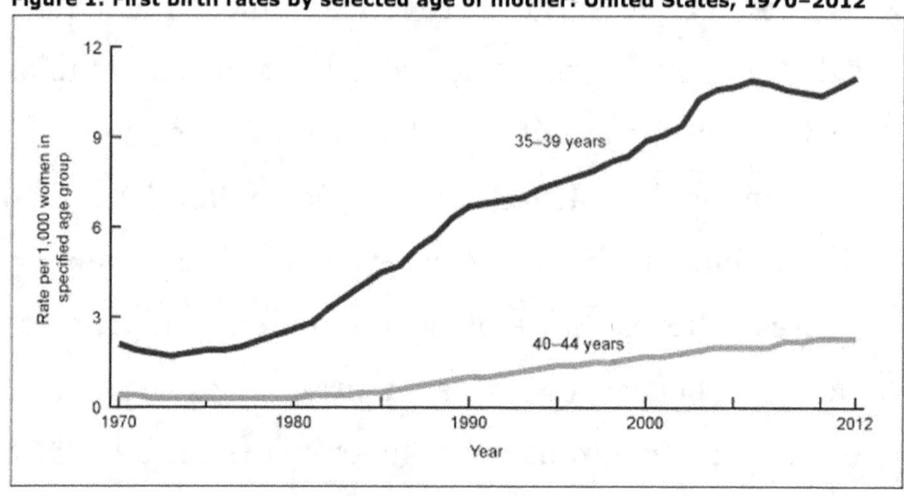

Los cambios demográficos también implican que los abuelos viven más que antes y, por lo tanto, es probable que desarrollen una relación sustancial con sus nietos. En el pasado, la relación de un niño con sus abuelos hubiera sido breve, si el niño llegaba a conocer a sus abuelos. Usualmente, los abuelos morían antes que el niño llegara a los diez años, mientras que hoy en día, no es raro que los abuelos sobrevivan bien a la edad adulta del nieto.

Sin embargo, también existen las contra tendencias. Ya hemos mencionado una: muchas mujeres que optan por retrasar el nacimiento de su primer hijo. Esto puede suceder por varias razones, pero un tema en común es la búsqueda de objetivos educativos y profesionales. Otra tendencia demográfica influyente es que las personas tienden a tener familias más pequeñas, muchas sin niños en absoluto; y por lo tanto eliminando el rol del abuelo por completo, o uno, como máximo dos niños. Por lo tanto, incluso si la familia tiene hijos, habrá un número menor de nietos que en el pasado. De hecho, en el siglo pasado, el número promedio de nietos se ha reducido a la mitad de lo que era al principio del período. Los efectos de esto son muchos, uno de ellos es que los abuelos pueden tener relaciones más significativas con los nietos individuales. Con el tiempo, las tasas de nacimiento y de falta de nacimientos fluctúan, y a su vez, esto tiene un impacto en el rol de un abuelo en la sociedad.

Además de las tendencias mencionadas anteriormente, la sociedad se ha vuelto más móvil geográficamente, y el rol de la familia extendida ha disminuido un poco en importancia. No es raro que las personas se desplacen en todo el país en busca de oportunidades educativas y laborales. Pueden terminar estableciéndose en un lugar alejado de sus padres, y en estos casos, el rol del abuelo asumirá una importancia menor.

Cuando se dice la palabra "familia" generalmente se piensa en la familia tradicional o nuclear. Como se mencionó en el capítulo anterior, esto involucra a los padres que viven como una unidad independiente algo aislada en un hogar con sus hijos. Alternativamente, puede involucrar a un padre soltero. Sin embargo, si bien tenemos una visión estereotipada de que una familia nuclear está aislada y los padres asumen la tarea de socializar a sus hijos, la familia secundaria también desempeña un rol importante en el proceso de socialización.

Este rol adquiere un carácter diferente por muchas razones. Primero, entre ellas, se encuentran los miembros de la familia extendida que tienen una relación con el niño en el cual el rol de una figura autoritativa disminuye considerablemente. Esto se debe, en parte, al hecho de que las tradiciones sociales exigen que las personas se refieran a los padres cuando se trata de socializar o disciplinar a su hijo. Aunque este es el caso, los miembros de la familia extendida generalmente se encargan de imponer algún nivel de disciplina y corrección de comportamientos incorrectos o inciviles. Este rol, como disciplinario secundario, mejorará cuando los miembros de la familia extendida se encuentren próximos geográficamente y asuman roles como cuidar a los niños o brindar servicios de guardería.

En contraste con los pares, los abuelos no están involucrados en las responsabilidades diarias y la socialización del niño. Además, en el pasado, la relación intergeneracional entre el niño y el abuelo tendía a existir por un tiempo corto, si es que existía. Esto se debía a las menores expectativas de vida. A medida que la expectativa de vida ha aumentado, las interacciones del niño con los abuelos han aumentado también. Como resultado, los abuelos desempeñan un rol más importante en la socialización del niño.

El rol de los abuelos a nivel social varía según épocas y culturas. Si bien se respeta a los ancianos prácticamente en todas las sociedades, en algunas otras, ocupan un estatus más alto que en otras. En muchas sociedades orientales o tradicionales, los ancianos son vistos como transmisores de conocimiento y desempeñan un papel vital en la socialización del niño. En las sociedades occidentales modernas, los acelerados cambios tecnológicos han disminuido este papel para los ancianos. Esto puede ser injusto, ya que muchas personas mayores han seguido el ritmo acelerado de los cambios tecnológicos, pero el estereotipo tiene algún mérito. Como tal, la visión sobre los abuelos ha cambiado, volviéndose menos crucial y más solidaria.

A nivel social, el rol de los abuelos refleja las normas sociales de parentesco y responsabilidades como las ve la sociedad general. En algunas sociedades, incluso puede haber límites para los abuelos paternos o maternos. Sin embargo, las sociedades occidentales modernas tienen un sistema de parentesco bilateral el cual asigna el mismo estatus, al menos en teoría, al rol que desempeñan los abuelos desde las líneas maternas o paternas. Por lo general, habrá una ventaja hacia la línea maternal donde los padres de la madre desempeñan un rol más importante en la familia que los padres del padre, pero esto varía considerablemente dependiendo de factores como la proximidad.

Anteriormente, mencionamos que la tradición demanda que los miembros de la familia externa se remitan a los padres cuando se trata de disciplinar al hijo o participar en la capacitación formal y socialización del niño. Esta es una tradición de larga data y universal que se remonta a tiempos inmemoriales y probablemente tiene orígenes biológicos. Sin embargo, generalmente la vida es más sutil de lo que parece.

Al reducir la responsabilidad formal por el niño que un abuelo debe asumir, se abre un nuevo rol en el que el abuelo tiene un rol agradable o basado en la amistad con el niño. El abuelo se convierte en un compañero de juegos, y su casa puede ser un lugar emocionante para que el niño visite donde se levantan las restricciones de comportamiento normales. Este rol, como amigo adulto del niño, generalmente se comparte con otros miembros de la familia extendida como tías, tíos, y primos mayores.

En la práctica, es imposible interactuar con un niño durante un período de tiempo sin tener que instruirlo sobre algún comportamiento o un hecho sobre el mundo y, ciertamente, sin disciplinarlo. Entonces, aunque la autoridad máxima es cedida al padre o padres, los miembros de la familia extendida definitivamente tienen influencia en la socialización del niño más allá de ser solo un "amigo".

Un área donde los abuelos desempeñan un rol particularmente importante, siempre que se encuentren geográficamente próximos a la familia, es en el rol de apoyo. Este puede ser un rol muy diverso, ya sea rescatar a un desafortunado adolescente de la cárcel, llevar a un niño a la práctica de fútbol cuando los padres están ocupados, o criar al niño cuando los padres no pueden hacerlo por cualquier motivo. De hecho, cuando se trata de una crisis familiar, los abuelos (y en muchos casos tías y tíos) pueden tener un papel central que desempeñar.

La naturaleza de una crisis familiar puede variar desde relativamente menor hasta el extremo, donde la unidad familiar se disuelve. Si hay un divorcio, por ejemplo, una proporción significativamente mayor de cuidado de los niños puede caer en los abuelos. En algunos casos, los abuelos pueden incluso adoptar a los niños como suyos y, de hecho, convertirse en agentes primarios de socialización. Esto puede suceder en el caso de un padre soltero que se vuelve adicto a las drogas o al alcohol, por ejemplo. Un padre adicto a las drogas puede encontrarse con problemas legales que pueden extenderse a ir a prisión. En otros casos, el padre simplemente no puede cuidar a los niños. Un problema de grave de adicción puede dejar al padre incapaz de satisfacer las necesidades básicas del niño, dejando a otros en una posición en la que tienen que intervenir. Muchas familias prefieren que el niño se mantenga "dentro de la familia", y por lo tanto están dispuestos a acoger al niño temporalmente en su hogar o directamente a adoptarlo. Esto puede llevar a una gran cantidad de estrés en todos los involucrados. Criar a un niño es mucho más difícil para personas mayores, y puede interferir con los planes que hicieron para sus años de jubilación. Los padres se llenarán de arrepentimiento y anhelo. Desafortunadamente, estos tipos de situaciones parecen estar en aumento. Para nuestros propósitos, las razones detrás de los problemas y decisiones individuales son menos importantes que la observación de que el abuelo asume ahora el rol de socialización primaria.

El aumento del trabajo fuera del hogar de las mujeres combinado con el aumento de la esperanza de vida también ha resultado en que más abuelos asuman el papel de "guardería", lo que mantiene la socialización temprana más aún dentro de la unidad familiar, aunque extendida.

Se ha estimado que los servicios de guardería prestado por los abuelos en Estados Unidos tienen un valor de casi $30 mil millones anuales. Generalmente, debido al desarrollo de los recientes problemas sociales, como la crisis de opioides, los abuelos se han estado encontrando en un rol más directo, incluso asumiendo completamente la crianza de sus nietos, y por lo tanto convirtiéndose en la familia primaria del niño.

Los estudios muestran que la intensidad de la relación abuelo-nieto varía según el género. Las abuelas tienen muchas más probabilidades de estar en contacto regular con el nieto, mientras que en promedio, los abuelos solo mantienen un contacto limitado.

Los roles que desempeñan los abuelos y otros en la familia extendida están estrechamente relacionados con el sistema familiar y con las circunstancias de los padres.

El factor más importante que influye en el nivel de interacción de un abuelo u otro miembro de la familia extendida es la proximidad geográfica. Esto es solo sentido común. Si vives en la misma ciudad que tus padres y tienes una relación saludable con ellos, su hijo irá a visitarlos con más frecuencia y pasará más tiempo con ellos en comparación con alguien que vive en Los Ángeles mientras que sus padres residen en Florida.

Si los abuelos viven cerca de la familia, también desempeñarán un rol más central cuando se desarrolle una crisis familiar. El divorcio, una de las crisis familiares más importantes, puede actuar para debilitar o mejorar el papel del abuelo.

Las tensiones entre los padres pueden extenderse a otros miembros de la familia, y uno de los padres puede cortar las relaciones activas con los padres de su ex pareja. Si son los cuidadores principales del niño, la cantidad de tiempo que los padres del cónyuge pueden pasar con el niño disminuirá considerablemente. Por otro lado, un nuevo padre soltero se encontrará con limitaciones de tiempo y presiones con las que no tenía que lidiar antes. Esto puede llevar a que se expanda el rol de los abuelos en el actual cuidado del niño. En situaciones como esta, los abuelos asumirán un papel más amplio en la socialización primaria del niño. Esto puede abarcar más tiempo en el cuidado de los niños, ayudar con las tareas escolares, llevar a los niños a funciones como práctica de fútbol o visitar amigos, o incluso; en casos extremos, llevar a los niños a vivir con ellos. En algunos casos, los padres divorciados que carecen del poder económico para cuidar efectivamente de ellos mismos, pueden mudarse temporalmente con sus padres. Esto puede crear una situación de mucho estrés, ya que los abuelos ahora se encuentran de nuevo en el rol de tener a su propio hijo viviendo en su hogar, agregando los nietos a esta carga adicional.

De hecho, en las últimas décadas, como resultado de los cambios sociales que hemos mencionado (divorcio, epidemia de opioides), ha aumentado considerablemente el número de niños que son criados por sus abuelos.

Como hemos comentado, la frecuencia de contacto entre un abuelo y un nieto depende de varios factores. Estos incluyen la proximidad geográfica. El sentido común nos dice que los abuelos que viven más cerca de su propio hijo tienen más probabilidades de tener contacto frecuente con sus nietos.

En promedio, las mujeres tienen más contacto regular con sus nietos que los hombres. Un segundo factor que puede determinar la frecuencia del contacto entre abuelos y nietos es si viven o no en un ambiente urbano o rural. Si el padre vive en un ambiente urbano pero los abuelos viven en un área rural, el mayor compromiso de tiempo requerido para viajar de ida y vuelta reducirá la frecuencia de contacto con los nietos.

La naturaleza de la relación entre el abuelo y el padre también es un factor importante relacionado con la frecuencia de contacto. Las investigaciones han mostrado que hay una ventaja matrilineal en este caso. Es decir, es más probable que las abuelas tengan contacto más frecuentemente con sus nietos. Es importante recordar que esto pasa en comportamiento promedio, las circunstancias reales pueden ser diferentes.

La edad de los abuelos es también un factor importante que puede determinar el nivel de contacto entre abuelos y nietos. Si los abuelos viven dentro de la proximidad geográfica y se jubilaron jóvenes, la frecuencia de contacto se maximizará. Si aún están trabajando, aún puede existir una frecuencia de contacto alta, pero disminuirá un poco. Si son extremadamente mayores, la condición corporal frágil puede obligarlos a limitar el nivel de contacto que tienen con sus nietos. Es posible que ni siquiera tengan una mente sana, que sufran demencia u otras condiciones que requieren que vivan en una institución, y esto puede limitar la frecuencia de contacto. Esta situación se está volviendo más común a medida que las mujeres retrasan cada vez más el parto hasta sus últimos años.

Por último, la relación que los abuelos tienen con los padres es un factor importante al determinar la frecuencia de contacto que habrá en la práctica. Una mejor relación, generalmente significará contacto más frecuente y más significativo entre abuelos y nietos.

Como hemos mencionado, los abuelos generalmente desempeñan el rol de niñera. Sin embargo, el rol más importante que el abuelo probablemente desempeñe es el de amigo, compañero o "colega" del niño. Los abuelos, generalmente bañan a sus nietos en regalos y les proporcionan un amigo adulto que no es disciplinario. El hecho de que existan vínculos de parentesco crea un vínculo fuerte que hace que el niño se sienta seguro. Este tipo de situación deja el rol directo de la socialización ambiguo, pero como hemos mencionado anteriormente, esa ambigüedad generalmente disfraza el rol cotidiano que el abuelo está desempeñando en la socialización del niño.

Hemos visto que los factores culturales influyen fuertemente en la estructura familiar. Esto se puede sentir en la realidad de si los abuelos están geográficamente cercanos al niño o no. En eras pasadas o en otras culturas, había menos movilidad geográfica, y los abuelos y la familia extendida desempeñaban un rol más importante en la vida del niño.

Sin embargo, desde el final de la Segunda Guerra Mundial, e incluso en cierta medida durante la Gran Depresión, la movilidad de las familias en busca de varias oportunidades ha puesto una tensión en la proximidad geográfica. Como resultado, muchos niños solo ven a sus abuelos una o dos veces al año.

Otros miembros de la familia secundaria o extendida que desempeñan roles importantes son tías, tíos y primos. Estas personas están incluso más distantes que los abuelos, de la responsabilidad directa del cuidado paterno, pero pueden desempeñar un rol central proporcionando estabilidad y alguien con quien contar en una crisis familiar. Un sistema de apoyo extendido que incluya tías, tíos, y primos puede ser de vital importancia para las personas, especialmente aquellos que son criados en un núcleo familiar pequeño. Padres fallecidos o relaciones difíciles entre hermanos pueden dejar a las personas sin alguien a quien recurrir, y si tienen una estructura de apoyo significante con relaciones sanas entre la familia extendida, esto puede ayudar enormemente. El rol de estos miembros de la familia extendida está aún más limitado por normas de no intromisión. Es decir que serán más respetuosos con los padres cuando se trata de socializar o disciplinar al niño.

Como tal, el rol de ser otro "amigo" del niño es incluso más fuerte en este caso. Los tíos y tías pueden proporcionar apoyo financiero y regalos y es probable que brinden un refugio donde el niño pueda ir a divertirse de forma segura. Tías y tíos también pueden servir como modelos adultos para el niño en los primeros años cuando todavía está relativamente aislado. Los primos pueden jugar un papel especial en la socialización y también en el apoyo. Si son mayores, pueden ayudar en la socialización del niño en la medida en que no interfieran con el rol primario de los padres. Los primos también pueden brindar una oportunidad única si tienen la misma edad que el niño, ya que permite la formación de un vínculo cercano de parentesco que no está comprometido por los negativos asociados con hermanos, como la famosa "rivalidad entre hermanos". Puede verse como un vínculo sin compromisos, a largo plazo y como una estructura de apoyo.

En el siguiente capítulo, analizaremos el verdadero problema: los medios de comunicación.

Capítulo 4:
Medios masivos y comunicación, antiguos y actuales

Medios masivos y comunicación, antiguos y actuales.

Anteriormente, hemos comentado que la idea de que existe una familia nuclear aislada que cumple el rol en la socialización primaria es una imagen idealizada. Desde que se inventaron las primeras películas y la radio, los medios de comunicación han tenido un impacto masivo en la vida de las personas. Con la tecnología cambiante, los detalles de los medios de comunicación pueden cambiar, pero los fundamentos no. Y a pesar de las apariencias, las formas más antiguas de medios de comunicación todavía tienen gran influencia en la socialización.

Aunque todos tienen una compresión intuitiva de lo que son los medios de comunicación, es importante comenzar con una definición formal. Los medios masivos de comunicación son comunicaciones que llegan a una gran audiencia.

Históricamente, los medios de comunicación también se han referido a la comunicación llevada a cabo por organizaciones a gran escala (gobiernos, corporaciones) para enviar los mensajes deseados a un amplio rango de personas en una gran audiencia. En los tiempos modernos, se están revisando estos conceptos ya que los cambios tecnológicos han hecho posible que las personas alcancen audiencias masivas a través de videos (YouTube), la oratoria (podcast, una forma de radio), mensajes simples (Twitter, quizás un folleto moderno), escribir un blog (revista), e incluso utilizando una metodología tradicional como libros de auto-publicación, sin tener que pasar por la puerta de entrada que antes manejaban las grandes corporaciones.

Según el teórico Wright Mills, los medios de comunicación tienen dos características principales:

- La comunicación masiva está controlada por un grupo pequeño de élite o un número pequeño de corporaciones en sociedades democráticas. En otras sociedades, la controla el gobierno.

- La audiencia no puede "responder" o comunicarse con el proveedor de medios masivos.

Esta definición, si bien todavía hay algo de verdad en ella, se está volviendo obsoleta. Los individuos tienen cada vez más control sobre sus propias plataformas de comunicación masiva, aunque las plataformas mismas se controlan por un pequeño número de corporaciones (por ejemplo Facebook, Google y Youtube).

Los segundos nuevos medios son interactivos, permitiendo que la audiencia responda directamente a aquellos que usan medios masivos de comunicación.

Sin embargo, el valor de esto es limitado, ya que la escala efectivamente hace que esta comunicación sea irrelevante. Por ejemplo, una celebridad obtendrá tantos "tweets" o "comentarios" que por razones prácticas no puede leer o responder más que a una pequeña fracción de éstos.

Sin embargo, esta comunicación retrospectiva tiene lugar, y estos desarrollos muestran que el análisis de los medios masivos hoy en día es más compleja de lo que era incluso hace treinta años.

En muchas sociedades, la producción de los medios sigue siendo fuertemente influenciada e incluso controlada por el gobierno. Si bien el control sobre los medios de comunicación en muchas sociedades occidentales está ligeramente regulado, las sociedades tiránicas como Corea del Norte mantienen un control estricto sobre los medios. Otros gobiernos están comenzando a ejercer más control del que tenían antes.

Generalmente se considera que la era de los medios masivos comenzó alrededor de 1860, y su período fundacional o formativo duró hasta alrededor de 1930.

En realidad, es un hecho que los medios masivos existían antes, en gran parte a través de la palabra impresa, pero los medios no despegaron realmente hasta 1860.

Durante este tiempo, varios desarrollos tecnológicos aumentaron la expansión de los medios y abrieron la puerta a nuevas posibilidades. Estos cambios incluyen:

- El telégrafo y el teléfono, permitiendo por primera vez la comunicación instantánea a través de largas distancias.
- La invención de las revistas.
- Incremento de la concentración de personas en áreas urbanas.
- La invención de la radio.
- La invención del fonógrafo, creando una distribución masiva de la música y el concepto de la música popular que disfrutaban las masas.
- Por último, la invención de las películas, que no solo brindó entretenimiento visual a grandes números de personas, sino que también proporcionó a los gobiernos y a medios de comunicación formas de distribuir noticias y propaganda a través de los "noticieros

cinematográficos" que las personas debían ver antes de la película.

Otro desarrollo menos apreciado durante este período fue la creación de libros de bolsillo en el mercado masivo, lo que llevó al desarrollo de novelas de "literatura barata" que vendían los editores, en gran parte, para aumentar las ganancias a corto plazo. Los diferentes tipos de medios crearon ciclos de retroalimentación, por ejemplo, muchos libros de bolsillo en el mercado masivo se convirtieron en películas en el período de 1925-1950 y más allá.

El período de 1860-1930 no solo fue un período de innovaciones tecnológicas extremas que ayudaron a los medios de comunicación, sino también un tiempo en que el ocio o el entretenimiento en sí se convirtieron en una industria. Se creó el concepto de "celebridad", donde un artista se hace famoso y se vuelve influyente por derecho propio. El concepto de "nace una estrella". A partir de la década de 1920, las personas que se convirtieron en "estrellas" ejercieron una gran influencia en la cultura, un fenómeno que continúa en la actualidad.

Las celebridades de los medios de comunicación no se limitaban a actuar o cantar. De hecho, personas de todos los ámbitos de la vida podían convertirse en celebridades a través del uso de medios masivos. Por primera vez, los atletas individuales se convirtieron en "estrellas", al igual que políticos e incluso científicos como Albert Einstein, que podría haber sido el primer científico real que logró la fama mundial a través de los medios de comunicación visual.

Antes de esta era, solo los políticos, líderes militares y criminales eran bien conocidos en toda la sociedad. La visión del mundo de una persona y sus interacciones estaban restringidas en gran medida por su entorno de vida inmediato y las historias que se transmitían de persona a persona. Para la mayoría de las personas, el único músico que conocían sería una persona local que tocaba un instrumento o miembros de la familia que cantaban, o quizás el coro de la iglesia local.

Antes de la invención de la radio en 1895, la edad y la alfabetización actuaban como guardias contra la influencia de los medios masivos. En aquellos días, los medios masivos tomaron la forma de libros impresos y revistas. Podían ser extremadamente influyentes, y se han escrito muchos libros que realmente cambiaron el curso de la historia. Resulta que los libros también llegaron directamente al hogar hace muchos siglos para influir en cómo se integraba a los niños en la sociedad.

Podríamos pasar el tiempo volviendo a tiempos antiguos y ver cómo se integraba a los niños en la sociedad y qué rol desempeñaba la sociedad general en esto, pero es más útil restringir el análisis a épocas más recientes. Desde hace quinientos años, el primer elemento de comunicación masiva que encontramos en las sociedades occidentales es la iglesia católica.

La iglesia desempeñó un rol central en la socialización de los niños en las sociedades occidentales. Si recuerdas algunos de los elementos claves de la socialización, se hace evidente que la iglesia tuvo un rol importante en la provisión de socialización.

- Fue la iglesia la que definió lo que era real y lo que era imaginación.
- La iglesia proporcionó figuras de autoridad que interactuaban con niños desde una edad temprana.
- La iglesia proporcionó acceso a lo que se conocía como la verdad. Los niños fueron

introducidos en la sociedad usando el vehículo de las historias bíblicas.

- Las formas de relacionarse con los demás y el respeto por las figuras de autoridad fueron generalmente influenciadas o incluso controladas por la iglesia.

A medida que pasaba el tiempo y las sociedades occidentales entraban en la era de la iluminación, el rol de la iglesia en la socialización directa del niño disminuyó gradualmente. Sin embargo, la alfabetización estaba en aumento y los libros asumían el manto de la socialización con los medios masivos. En la era que precedió al cine, la radio y la televisión, los libros para niños entraron en el supuesto hogar aislado y enseñaban directamente al niño creencias y valores de la sociedad general, usando el vehículo de las historias fantásticas para niños.

En Estados Unidos, escritores como Horatio Alger (1832-1899) comenzaron a tener gran influencia en la cultura. En sus libros se promovían ideales populares y creencias sobre la sociedad, que generalmente leían niños mayores que tuvieron la suerte de aprender a leer a través de la educación. Alger promovió historias de pobreza a riqueza, que fomentaban la idea de alguien que llega a Estados Unidos siendo muy pobre y que llegue a niveles inimaginables de riqueza. Si bien hay algo de verdad en sus historias para nuestros propósitos, discutirlo no es importante. Nuestra tarea es observar que los medios de comunicación masivos de libros publicados, que estaban disponibles al público a bajo costo, era un vehículo mediante el cual las personas se integraban en los valores, mitos, y creencias de la cultura general. Esto podría ocurrir con la participación directa de los padres o no. En el caso de los libros de Alger, fueron escritos para "jóvenes adultos" que hoy en día llamamos adolescentes. Los diarios eran otro medio por el cual los medios masivos se utilizaban para socializar e influenciar a las personas.

El ritmo de la tecnología a fines del siglo XIX fue tan rápido o incluso más rápido que el que experimentamos hoy en día. Es difícil para las personas que viven en la actualidad imaginar que no tienen electricidad, agua corriente, o algún tipo de medios de comunicación, pero más allá de libros y diarios, las personas no tenían acceso al mundo más amplio de la sociedad. Sin embargo, todo eso cambió durante el período de descubrimientos de 1890-1910, cuando se inventaron las películas y la radio. Al principio, las películas, como las llamamos actualmente, no tenían una influencia directa en la socialización. Eran novedades o estaban dirigidas a adultos en un sentido estricto de entretenimiento. Sin embargo, no pasó mucho tiempo antes de que esto cambiara.

Las películas se convirtieron rápidamente en una forma de contar historias para niños. Probablemente esté más familiarizado con esto desde los años de auge de Disney en las décadas de 1930 y 1940. Se hicieron muchas películas importantes como Blancanieves y los siete enanitos, Bambi, y Fantasía. El mago de Oz se convirtió en el gran éxito de sus días. Todas estas películas tenían un hilo común – eran medios de comunicación que intentaban desempeñar un papel en la socialización de los niños en las creencias y costumbres tradicionales de la sociedad estadounidense en ese momento. La radio también se usaba para llegar directamente a los hogares de las personas en la era anterior a la televisión. Esto se hizo en múltiples niveles, desde la narración de cuentos infantiles hasta la propaganda gubernamental. La capacidad de entrar realmente en el hogar de una familia y hablar con ellos, aunque fuera una conversación unidireccional, demostró ser una herramienta de socialización muy poderosa.

Quizás lo más asombroso sobre los medios masivos es su poder de permanencia. Cada una de las tecnologías descritas hasta ahora (libros, periódicos, películas y radio) existen actualmente y aún son muy influyentes. Una característica interesante de la tecnología que hemos observado es que diferentes vehículos de los medios de comunicación se transforman y evolucionan a medida que se introducen nuevas tecnologías.

Como ejemplo podemos considerar el periódico. Por cientos de años, los periódicos existieron como una forma de palabras impresas en papel que se traían o entregaban en los hogares de los lectores. Pero los periódicos no han desaparecido, simplemente están evolucionando con la tecnología. Primero, se convirtieron en páginas web, y en los años recientes, muchos se han convertido en "aplicaciones", utilizando la última tecnología móvil para llegar a los lectores.

Los libros están siguiendo una trayectoria similar. Puede ser tentador ver Facebook o Twitter y asumir que se están "apoderando" de todo y que son las formas de comunicación más influyentes. La última afirmación puede ser verdad o no, dependiendo de cuál es la audiencia sin embargo, la realidad es que las formas de comunicación más antiguas siguen existiendo y ejercen un gran poder sobre la socialización. En el caso de los libros, simplemente han migrado a una forma digital y se han convertido en "e-Books". Es probable que en este momento usted esté leyendo este libro en un Kindle u otro dispositivo.

Si bien la forma de los libros ha cambiado, su capacidad para influir en cómo piensan las personas y en lo que piensan no ha cambiado. La hoja impresa que se utilizaba en siglos pasados para hacer libros era simplemente una forma de tecnología o un vehículo que se usaba para hacer llegar la información que se comunicaba en la página a la mente de las personas. Actualmente, es digital, aunque muchas personas aún leen libros impresos.

Las películas también han seguido un camino similar. De hecho, si observamos de cerca, veremos que la tecnología en evolución ha permitido que las antiguas formas de comunicación lleguen incluso a más personas y a mantener un alto grado de influencia.

En el caso de las películas, esta evolución ha tomado muchas formas diferentes. En los años anteriores a la Segunda Guerra Mundial, las películas eran adaptadas a lo que entonces era la gran nueva tecnología, la televisión. Poco a poco a lo largo de las décadas, aumentó el alcance de las películas como medio de comunicación masivo.

Primero, las películas se pusieron a disposición del público en una forma física grabada, en casetes y luego en discos. La idea aquí es que las personas podían llevar las películas a su propia casa y verlas a su propia conveniencia. Hoy en día esto parece trivial, pero en esa época representó una gran expansión en la capacidad de los medios de comunicación para llegar a las personas, y por lo tanto para influenciarlos. Con la llegada del internet, las películas podían verse en línea. YouTube no solo permite a las personas que coloquen en línea una gran cantidad de videos donde otros puedan verlos, sino que también representa una oportunidad para que las personas pasen por alto a las figuras de autoridad típicas y publiquen videos ellos mismos. Muchas personas que son buenas para hacer sus propios videos han utilizado YouTube y videos para convertirse en "influencers sociales", donde han creado sus propias audiencias y usan los videos de forma rutinaria para impulsar sus ideas o para participar en actividades más triviales como dar opiniones sobre productos o para jugar videojuegos.

Sin embargo, no se puede negar que ahora las herramientas existen para que las personas creen sus propios medios de comunicación masivos.

Observamos un fenómeno similar con los libros. La aparición de herramientas, como el Kindle, permite a las personas "auto-publicarse" y utilizar herramientas como Kindle para comercializar sus libros en masa. Esta es otra forma en la que las personas comunes pueden aprovechar la nueva tecnología para crear sus propios medios de comunicación.

Estos tipos de cambios eran inimaginables hace apenas 25 años. Pero, una vez más, a pesar de las apariencias, es interesarte observar que los nuevos medios de comunicación son en realidad los antiguos medios de comunicación reinventados. Alguien que publica un libro propio en Kindle no se diferencia, fundamentalmente, de Thomas Paine que imprime un folleto pequeño para distribuir él mismo en una esquina. La única diferencia es la velocidad a la que se llega a las personas y el número de personas que se puede alcanzar. La verdadera tecnología subyacente (la palabra escrita) sigue siendo la misma.

Los sociólogos se han preocupado por el poder y la influencia de los medios de comunicación sobre lo que son, esencialmente, audiencias pasivas. Incluso se puede imaginar una forma de control mental, por medio de la cual una pequeña élite o gobierno esencialmente le "lava el cerebro" al público.

Incluso con los desarrollos tecnológicos recientes, estas preocupaciones todavía existen y han adquirido una nueva forma. Se ha desarrollado el concepto de "noticias falsas", ya que cualquier persona puede utilizar internet para, esencialmente, "crear" noticias. Los mensajes se pueden propagar de forma "viral" muy rápidamente y a un gran número de personas a través de los medios sociales, sin pasar por los canales habituales de televisión, periódicos impresos, y radio. En total, tales desarrollos están combinados. La capacidad de las personas para difundir información por su cuenta utilizando las herramientas de los medios sociales no solo permite la creación lamentable de "noticias falsas", un desarrollo positivo como los medios sociales también reduce el control centralizado sobre los medios de comunicación. Sin embargo, el panorama es complicado; aunque las noticias pueden no estar controladas por el gobierno o corporaciones ("ABC" o "CNN"), la distribución de los medios está controlada por un número pequeño de corporaciones como Facebook y Twitter. En muchos casos, estas compañías aplican sus propios valores para determinar lo que se permite publicar en sus redes, así que aunque ellos no creen el contenido, esencialmente controlan el mensaje al regularlo. Al principio, las plataformas eran mucho más abiertas, pero la presión de los gobiernos está impulsando un cambio a políticas más duras. Como se puede ver, el estudio de los medios de comunicación se está volviendo más complejo a medida que el tiempo pasa.

Muchos factores determinan cómo responderá una audiencia a la comunicación masiva. Estos incluyen:

- Etnicidad
- Raza
- Género
- Edad
- Orientación sexual
- Clase social
- Religión
- Valores y creencias

- Época del año y momento del día en que se recibe el mensaje

Además, la entrega de medios a audiencias masivas se divide en cuatro categorías generales. Estas son:

- Estudios de contenido: este tipo de investigación analiza el contenido de la comunicación en los medios masivos para cuantificar cómo se utiliza para promover los estereotipos, cómo se representan el comportamiento antisocial y la violencia, y cómo se comercializan los mensajes.

- Estudios ideológicos: ¿cómo se reflejan las influencias ideológicas en los medios de comunicación masivos? Dado que una pequeña élite controla los mensajes dados por los medios de comunicación (CBS, Fox, News) o los propios medios de comunicación (Facebook, Google) ¿cómo se utilizan los medios para promover ciertos puntos de vista ideológicos? ¿Cómo determina el sesgo de los miembros de la audiencia la forma en que reciben los mensajes promovidos por diferentes organizaciones de comunicación? Otra pregunta es, ¿Cómo se utilizan los medios para promover ideas y patrones de pensamiento específicos?

- Propiedad y control: esta área de investigación es tan importante como siempre. Tradicionalmente, la atención se ha centrado en los medios que eran propiedad de un reducido número de corporaciones. Además, muchas compañías se comprometieron y siguen participando en la propiedad cruzada de medios (CBS radio, CBS televisión, películas de Disney y propiedad de Disney de la ABC). En la investigación moderna, existe interés no solo en el control de los mensajes por parte de los medios, sino también en compañías como Facebook o YouTube que también controlan las plataformas de medios que pueden utilizar los individuos para la comunicación masiva.

- Vida política: la comunicación masiva ha tenido un gran impacto en la política. En las sociedades tiránicas, facilita que el gobierno controle a la población. En democracias, diferentes factores como las características superficiales de las personas que se postulan para cargos públicos se han vuelto más importantes. Los políticos pueden utilizar los medios para desviar la atención del público de cuestiones importantes. El uso de la publicidad para campañas políticas en la televisión y ahora en los medios sociales ha sido objeto de escrutinio.

Los medios electrónicos también generan otros problemas, tales como la capacidad de distorsionar noticias y eventos. Las distorsiones de la realidad pueden tomar muchas formas, por ejemplo, los anuncios políticos pueden usarse para dar una imagen falsa de un oponente. Un fenómeno interesante que explotó durante la era del internet ha sido el uso de la tecnología para dar un aire de autoridad a lo que es esencialmente "charlatanería". El uso libre de la comunicación en las sociedades democráticas permite la creación de ideas falsas, credenciales e identidades. Las ideas completamente falsas se pueden empaquetar utilizando videos y tecnologías de publicación de bajo costo pero sofisticadas y de fácil acceso. Los miembros del público mal informados pueden ser incapaces de distinguir entre lo que es genuino y lo que no. Un sitio web simple en sí mismo ha ganado un aire de autoridad, y las personas simplemente pueden hacer referencia a un enlace o "comprobación de datos" en un sitio como prueba de un punto de vista, sin ninguna forma real de saber cuál es la verdad. La "charlatanería" ha existido desde el principio de los tiempos, pero la capacidad de empaquetarla en un sitio web elegante con tecnología de video es relativamente nueva.

Los medios electrónicos también hacen reflexionar sobre la influencia de los medios de comunicación en la alfabetización. Las preocupaciones sobre este tema aumentaron durante la era de oro de la televisión, que duró desde aproximadamente 1955 hasta la invención del internet. Antes de la invención de las imágenes en movimiento, las personas tenían que conseguir información por su cuenta a través de la lectura o del boca a boca, y la lectura de libros y revistas fue la herramienta primaria utilizada por los medios de comunicación. Esto llevó a un aumento general en la alfabetización del público.

Curiosamente, la traducción de La Biblia al inglés y a otros idiomas tuvo un gran impacto en la difusión de la alfabetización. La Biblia se tradujo primero al inglés en 1526. Esto ayudó a difundir el conocimiento que previamente había sido controlado por la iglesia.

En contraste, como señaló Neil Postman, la televisión y las películas lo han hecho menos importante. Afirmó que la aparición de la televisión revirtió la tendencia hacia una mayor alfabetización. La opinión de los defensores de este punto de vista era que la televisión te qué pensar. En contraste, leer usualmente requiere algún nivel de persuasión.

Algunos podrían argumentar que la llegada de los videos virales y de Twitter ha acelerado la tendencia, y quizás los videojuegos pueden incluirse aquí como forma de medio masivo. Se tiene que saber leer para comunicarse en Twitter, pero a 140 caracteres, la comunicación a menudo es forzada y se basa en la ira y en otras emociones desagradables, ya que las personas tienen una sensación de poder escondiéndose detrás de la tecnología.

Muchos sociólogos sostienen que estamos en un período de transición en lo que a los medios masivos respecta. Es fácil notar que este es el caso, ya que se están resolviendo muchas cuestiones diferentes. Las personas actualmente están luchando con formas de determinar si varias afirmaciones son verdaderas o no, o si las figuras de autoridad deberían incluso influir en tales determinaciones.

El rol de las tecnologías de plataforma como Facebook, Google, YouTube y Twitter también se está considerando. Algunos sostienen que deben considerarse servicios públicos ya que han llegado a ocupar lo que es esencialmente "la plaza del pueblo", en una sociedad donde la libertad de expresión es un valor importante, permitir a un pequeño número de corporaciones determinar qué se puede o no decir genera inquietud en un gran número de personas.

Al final, la influencia de los medios de comunicación es el fenómeno más importante, y a pesar de los grandes cambios en la tecnología, este ha sido un tema constante y seguirá siéndolo. Los sociólogos generalmente se dividen en dos campos generales cuando consideran cómo las comunicaciones masivas afectan a las audiencias.

El primero grupo se adhiere a la Teoría de los efectos limitados. Según esta teoría, la influencia de los medios de comunicación está gravemente limitada a pesar de las apariencias. Esto es debido a que las personas pueden elegir qué ver y si están o no expuestos a diferentes medios de comunicación. Las personas elegirán qué ver o escuchar en función de las creencias que mantenían anteriormente. Esto es fácil de ver al considerar las noticias o la política. Las personas en el extremo derecho del espectro serán atraídos hacia Fox News y personalidades de la radio como Rush Limbaugh, mientras que aquellos en el extremo izquierdo del espectro serán atraídos hacía el New York Times y Rachel Maddow. Esta clasificación de las personas es cada vez más importante a medida que pasa el tiempo, ya que los medios se están diferenciando en múltiples niveles. Esto comenzó con la llegada de la televisión por cable y ahora ha explotado con personas que tienen la capacidad de controlar completamente a qué noticias, entretenimiento y radio están expuestos. Es un problema en sí mismo, con implicancias negativas y positivas. Es difícil ver cómo la sociedad puede ser saludable cuando las personas no están expuestas a puntos de vistas alternativos que no son filtrados por quienes tienen prejuicios. Al mismo tiempo, hace que sea más difícil para un grupo pequeño de élites tener un control completo sobre la sociedad a través de los medios de comunicación.

La Teoría de la clase dominante, se enfoca más en la visión tradicional de los medios de comunicación. Según esta teoría, los medios reflejan un punto de vista que sostiene una pequeña élite. El enfoque de este tipo de investigación es la comercialización y los puntos de vista de las grandes corporaciones.

Las fusiones de grandes compañías de los medios pueden consolidar aún más las vistas y poner a los medios bajo el control de cada vez menos personas. Se pueden oprimir las historias que contradicen los prejuicios y las creencias de la élite en control de la comunicación. Se le da importancia a la influencia comercial sobre la comunicación, señalando que los anunciantes que pagan dólares a las compañías de medios masivos pueden dar forma a los mensajes que promueven esas compañías.

Como hemos mencionado en detalle, la situación moderna hace que las cosas sean mucho más complicadas para la Teoría de la clase dominante. Muchos de sus argumentos son negados por las nuevas habilidades de los individuos para utilizar los medios de comunicación. De hecho, muchas personas que hacen videos de YouTube se han convertido en estrellas por derecho propio.

Sin embargo, como también hemos mencionado, el hecho de que las plataformas de medios son controladas por un número pequeño de compañías, todavía le da poder a la Teoría de la clase dominante. Si bien en el pasado han sido reacios a hacerlo, las compañías de plataformas de medios como Facebook están cada vez más cerrando la comunicación que no aprueban o que presumen que es falsa. Incluso se están utilizando tácticas alternativas, por ejemplo, muchas personas independientes que han usado internet o plataformas como Facebook para promover sus mensajes grandes audiencias, han sido dados de baja por sus métodos para recaudar dinero. Un ejemplo es un sitio web que usa Paypal para procesar cuotas de suscripción o donaciones. Si bien PayPal o Google pueden no tener control directo del sitio web en sí, PayPal puede cancelar el procesamiento de pagos, haciendo difícil el intento de continuar, o Google puede enterrar el sitio web en las búsquedas. Muchos encuentran perturbador este nivel de control, y en cualquier caso, estos fenómenos son de interés para los sociólogos.

Si bien se puede decir que la Teoría de la clase dominante parece haberse moldeado por el punto de vista de la televisión como una fuerza dominante, la nueva teoría de la cultura toma un término medio. Esta teoría se desarrolló a finales de 1980 cuando la televisión se estaba viendo afectada por la proliferación de la televisión por cable. El cable creó una nueva situación donde había una proliferación de proveedores de televisión.

En esta teoría, reconocemos que las personas llegan a los medios con su propia perspectiva, y esto determina cómo interactuarán con los medios de comunicación. Mientras que una élite pequeña generará mensajes masivos, la forma en que una persona reacciona a estos mensajes se ve influenciada por varios factores. La perspectiva personal, que está formada por la clase social, etnicidad, religión, y otros factores, determinará la forma en que se reciben los mensajes de los medios de comunicación.

Los medios sociales están desempeñando un rol cada vez más importante para impulsar el cambio social. Desde que comenzaron los medios de comunicación masivos, han desempeñado un rol en esta área, pero se está volviendo más rápido y dramático con la llegada de los medios sociales. El cambio puede ser bueno o malo, ya que los grupos independientes y las personas explotan la nueva capacidad de compartir su mensaje, por ejemplo, plantear una preocupación ambiental puede llevar a un cambio social positivo, mientras que un grupo violento como ISIS puede utilizar las mismas herramientas para difundir su mensaje fundamentalista.

Es justo decir que ninguna teoría por sí sola puede describir o explicar de forma precisa el fenómeno de los medios sociales, que está en constante cambio en el panorama de la tecnología. Sin embargo, los medios masivos llegaron para quedarse, y su influencia no desaparecerá en el corto plazo, por lo que será un área de investigación sociológica importante durante mucho tiempo.

Capítulo 5:
La relación entre los medios y la familia

La relación entre los medios y la familia

Comenzamos nuestro estudio sobre la socialización observando cómo la familia inmediata, especialmente los padres, desempeña el rol primario de socialización. Ahora, consideramos cómo los medios han impactado este rol.

Los medios de comunicación están desempeñando cada vez más un rol central en la formación de la personalidad de los individuos y en la comunicación de las normas sociales y cuáles de ellas son importantes. Los medios de comunicación también están impulsando un gran cambio social, dejando a muchos padres sintiéndose impotentes frente a lo que ven como un ataque controlado por personas que tienen valores diferentes a los que ellos aprecian.

En la era de la electrónica, la televisión ha sido un agente crítico de la socialización. Hace varias décadas, se observó que los niños pasan más tiempo viendo la televisión que en la escuela o haciendo actividades interactivas con sus padres. Ver televisión es una actividad pasiva, durante la cual los niños "absorben" los mensajes que promueven los proveedores de contenido. Un punto de vista teórico señala que los medios de comunicación tienen poderes extremos de influencia y socialización; sin embargo, son controlados por una pequeña élite.

Tradicionalmente, el comportamiento social se ha regido por valores y normas sociales compartidas. Sin embargo, los medios masivos han proporcionado una nueva y poderosa forma de socialización que permite a las personas, además de la familia, integrar a los niños en la sociedad.

Los medios de comunicación también actúan como transmisores de herencia social y conocimiento histórico de una generación a la siguiente, en efecto, disminuyendo el rol de la familia en el proceso, en particular, el de los abuelos y otras personas mayores.

Los medios masivos y los medios sociales también pueden actuar como agentes de cambio social, definiendo los nuevos temas que la sociedad considera "importantes" y también intensifica las preocupaciones de aquellos que ven el contenido. Esto sucede a través de una amplia gama de temas, desde preocupaciones ambientales hasta preocupaciones sobre inmigrantes que cruzan la frontera.

El impacto principal de los medios masivos en la familia es a través de la comunicación de valores fundamentales y normas sociales que pueden o no estar alineados con los de los padres.

En el mundo moderno, los niños generalmente aprenden las cuestiones importantes y temas culturales, no de los miembros de la familia sino de la televisión, Facebook y YouTube. Los videojuegos pueden tener un gran impacto en la familia, y mientras que este impacto en el comportamiento individual aún no está claro, una realidad es que los videojuegos ocupan más tiempo del niño que la interacción con los padres. Los medios pueden tener influencias conflictivas, a veces, reforzando las normas sociales existentes, mientras que otras veces, alientan a las personas a adoptar un cambio social.

El impacto principal de los medios de comunicación en la familia ha sido su capacidad de llegar directamente al interior del hogar y de influir en los niños.

Las visiones tradicionales de la familia nuclear la veían como una unidad aislada. Reconocemos que esto es una idealización, pero también observamos que la televisión y los medios sociales han tenido un fuerte impacto reduciendo la influencia que los padres tienen sobre lo que los niños pueden ver y aprender.

La socialización de los niños nunca estuvo estrictamente bajo el control de los padres; sin embargo, en el mundo actual, el poder de las compañías de los medios para comunicarse directamente con los niños no tiene precedentes en la historia. Quienes controlan los medios masivos que consumen los niños pueden tener una gran variedad de impactos en las creencias y valores que los niños aprenden y valoran, a menudo en contradicción con los valores que los padres desean transmitir a sus propios hijos.

La gente siempre ha contado cuentos infantiles, y el primer impacto de los medios en los niños y la familia comenzó con la llegada de la literatura infantil. De hecho, muchas historias que hoy forman la base de la literatura infantil, estaban destinadas para adultos, pero con el tiempo se adaptaron para los niños. El factor principal que llevó a la influencia de los medios en estos primeros tiempos fue la invención de los libros impresos. Cuando se produjeron estos cambios, su impacto fue limitado debido a las tasas de alfabetización relativamente bajas, pero con el tiempo, esta influencia aumentó y se volvió muy fuerte.

Durante mucho tiempo se ha creído que la infancia es un período de inocencia. Ya sea que esto sea estrictamente cierto o no puede ser objeto de debate; sin embargo, no se puede negar que los niños son mucho más propensos a patrones de pensamientos mágicos e imaginativos, lo que los hace adecuados para cuentos de fantasías.

El primer libro que se cree fue escrito estrictamente para niños se publicó en 1744 por John Newbery, llamado "Un pequeño libro de bolsillo bonito". El libro estableció un estándar que todavía se aplica en la actualidad; era una colección de rimas, historias dibujadas y juegos. El libro se preparó para que el niño participara en varios ejercicios y siguiera su progreso. En ese momento, no es sorprendente que libros como este se limitara, generalmente, al consumo de las clases altas. No obstante, la publicación de este libro representa un hito en la relación de los medios con la familia y su rol en la socialización primaria. Pronto le siguió una avalancha de publicaciones que continúan hasta hoy con libros como "Harry Potter".

Antes de la publicación de este libro, las influencias externas sobre la socialización del niño, aparte de la relación con los padres con la sociedad y sus tradiciones y valores, eran extremadamente limitadas. En épocas anteriores, las influencias externas se limitaron en gran medida a la iglesia y algunos pocos vecinos. Esto representó una forma completamente nueva de interacción y comunicación.

Por primera vez, cualquier autor o entidad poderosa podría usar la palabra impresa para ejercer influencia en los niños. Considere que el libro de Newbery tenía al niño participando de forma activa completando ejercicios. Esto no es para poner un juicio de valor en el libro de Newbery o en otros libros de esa época, es simplemente para notar el cambio en las costumbres. Los padres que decidieron utilizar libros con sus hijos estaban permitiendo que una influencia externa los asista en la socialización del niño.

Con la llegada de libros populares para niños, surgió una nueva situación en la que pensamiento como el de John Newbery podría decidir qué normas sociales deberían ser y a qué valores los niños deben estar expuestos. Sin embargo, los libros son fácilmente controlados y los padres pueden filtrarlos. Con el tiempo, la innovación tecnológica cambió drásticamente a los medios masivos y aumentó su poder. Junto con estos cambios, las familias también observaron un aumento en la cantidad disponible de tiempo libro. Antes de la Revolución Industrial y las reformas laborales, las personas pasan todo el día trabajando y administrando el hogar. A medida que disminuía el tiempo dedicado al trabajo, los conceptos de ocio y entretenimiento, que antes solo habían estado disponibles para élites adineradas, se hicieron accesibles para las masas.

Los medios masivos han sufrido varias rondas de cambios que lo han hecho más extendido. En el mundo de hoy, casi funciona a nivel subconsciente ya que las personas se están ahogando en formas de medios divergentes. Lo que comenzó con libros impresos se ha extendido a películas en los cines, programas de radios que se transmiten a hogares y automóviles, la televisión, internet, teléfonos inteligentes y por supuesto los nuevos medios de Facebook, YouTube, Pinterest, Snapchat y Twitter. Independientemente de la forma de los medios, todo se comercializa ampliamente.

Cuando se trata de la familia, encontramos que los niños pasan cada vez más tiempo con los medios de comunicación y menos con la familia.

Cada vez más, los niños aprenden los patrones de cultura no de sus padres, sino de programas de televisión y videos que establecen las expectativas de comportamiento, valores y definen verdades.

Cuanto más tiempo pasa, mayor es el rol que los medios de comunicación tienen en la formación de la visión del mundo de los niños.

La influencia de los medios puede ser tanto positiva como negativa. Entre las cosas que hacen los medios podemos encontrar:

- Proporcionar noticias
- Comunicar valores
- Proveer educación

Este poder ha hecho que muchas personas se sientan incómodas con el enorme papel que los medios de comunicación desempeñan ahora en la vida familiar. En resumen, los medios de comunicación:

- Acaparan una gran cantidad del tiempo que los niños pasan cada día. Se ha observado que los niños pasan más horas viendo televisión que en la escuela. Hoy en día, el tiempo que se pasa con los medios masivos es más diverso, ya que los niños no solo ven televisión sino que también pasan más tiempo en Facebook o viendo videos en YouTube. Dado que estamos en medio de estos cambios significativos, sus impactos en la sociedad aún no se han entendido o trabajado.

- Pueden cambiar las visiones y hábitos de las personas.
- Pueden influir la opinión de los niños de manera que contradigan los valores de sus padres.
- Hacen que el mundo sea más pequeño, ya que una gran parte del mundo comienza a compartir los mismos valores como resultado de estar expuesto a los mismos contenidos de los medios.
- Pueden provocar cambios sociales, tanto positivos como negativos.

Un fenómeno interesante que surgió de los medios sociales es el concepto de "prueba social". Es más fácil para una persona aceptar nuevos valores o ideas cuando ven que otros ya lo han hecho. Si la persona que ven que aceptó la nueva idea es un amigo, entonces la prueba social tiene incluso más poder al ejercer la presión de los iguales así como al confiar en la confianza que las personas ponen en los juicios de sus amigos cercanos. Por ejemplo, un video sobre alguna cuestión puede ser controversial por sí mismo, pero más creíble si tiene miles de "me gusta". Si un amigo le recomienda un video, en muchos casos, la credibilidad de las ideas que presenta aumentará en proporción a la confianza que deposite en el amigo que le recomendó el video. Este es el poder de los medios sociales y parte de la razón por la cual los videos o publicaciones pueden hacerse "virales". Otra razón es la facilidad con la cual las personas pueden compartir ideas e información. En épocas anteriores, una persona tendría que recomendar que otros vieran una película o les contara sobre un programa de televisión que habían visto o un libro que leyeron.

Ahora, simplemente pueden enviar por correo electrónico un enlace al video que otros pueden ver por sí mismos.

Esta interactividad de los medios en el mundo actual, crea un panorama completamente nuevo. Los medios de comunicación también parecen estar en todos lados, lo que dificulta aún más el control de los padres. Incluso con la televisión era difícil, pero los padres tenían la opción de apagar el televisor. Hoy en día, un padre se enfrenta a la regulación de la televisión, Facebook, un celular inteligente, un iPad, internet, y múltiples sitios que usan los niños en internet. Los estudios muestran que el 93% de los adolescentes están activos en internet y la mayoría de ellos lo hacen a diario. Aproximadamente tres cuartos tienen un celular, y la mayoría mandan miles de mensajes de texto mientras también usan Facebook, Twitter, YouTube y otros sitios como Pinterest. La extensión de los medios de comunicación en la vida de los niños es asombrosa.

Esto ha llevado a un empeoramiento de los viejos problemas y a la introducción de muchos otros. Uno de los impactos interesantes de los medios masivos en la familia ha sido el debilitamiento de los vínculos. Los niños que usan medios de comunicación y redes sociales más a menudo tienen notas más bajas en la escuela y menos apego a la escuela, que tradicionalmente ha sido parte central de la identidad antes de la adultez. También sufren de lapsos de atención más cortos y pueden ser más propensos a intimidar a la intimidación o a participar en un comportamiento de intimidación.

En persona, el acoso todavía desempeña un rol, pero se ha mejorado con la introducción de medios de comunicación interactivos. Tradicionalmente, los niños normalmente participaban en el acoso utilizando amenazas verbales o abuso físico real. Las niñas usaban métodos más indirectos, prefiriendo el aislamiento social y el rechazo de los compañeros. Con la introducción del ciberacoso a través de las redes sociales como Facebook, difundir rumores se ha convertido en la herramienta preferida. Se pueden destruir reputaciones, y el impacto puede ser grande hasta el punto del suicidio.

En este contexto, la era de la televisión puede parecer pintoresca, a pesar de que la televisión sigue siendo una influencia muy fuerte en la socialización. Varias teorías surgen del análisis sociológico del impacto de la televisión, y a pesar de panorama cambiante, aún son relevantes en la actualidad.

Primero, recordamos que los medios de comunicación pueden asumir uno de los dos roles con respecto a su influencia en la familia y en la socialización.

- Los medios de comunicación pueden promover el refuerzo de las normas sociales actuales.
- Alternativamente, puede llevar al cambio social.

Con la introducción de nuevos medios como YouTube y Facebook, el rol de los medios masivos en estas dos formas solo ha aumentado. Se han desarrollado muchas teorías para explicar cómo los medios de comunicación socializan a las personas. La primera es la Teoría del cultivo. Esta teoría se basa en la observación de que la influencia de los medios masivos puede ser sutil. Por ejemplo, una mayor aceptación de la homosexualidad puede ser impulsada por la inclusión de un personaje gay en un programa de televisión. La idea central de la Teoría del cultivo es que las personas absorben de forma pasiva el contenido de los medios que se les presenta de forma regular. Por lo tanto, los medios masivos pueden usarse para cultivar nuevos sistemas de creencias. Dado que los niños tienen una mentalidad más abierta que los mayores, los medios masivos pueden influir en la familia y crear creencias nuevas comunes en las generaciones más jóvenes. Una teoría relacionada con la Teoría del cultivo es la Teoría del aprendizaje social, que propone que se puede enseñar simplemente a través de la observación. Tomando la televisión como ejemplo, las personas y en particular los niños, pueden aprender nuevas formas de pensar y adoptarlas como propias simplemente viéndolas en televisión de forma repetida.

Otra teoría interesante sobre las redes sociales es conocida como Teoría de la fijación de la agenda. Esta teoría se desarrolló originalmente a principio de la década de 1970, en respuesta al uso de cantidades masivas de publicidad televisiva para promover candidatos políticos y sus agendas.

El objetivo de dicha publicidad es convencer a los miembros del público de las posiciones que ocupan varios candidatos políticos u organizaciones. Con el paso del tiempo, los fenómenos se han vuelto más importantes, y nuevos medios como Twitter, Facebook y YouTube se han convertido en herramientas listas para aquellos que desean explotar la Teoría de la fijación de la agenda.

También se puede observar que esta teoría puede aplicarse fuera de políticas estrictas y de campañas políticas. Puede tomar una forma más sutil cuando los proveedores de contenido promueven su agenda a través de programas de televisión, películas o incluso videojuegos.

Una preocupación para las familias relacionadas con los medios masivos desde la invención de las películas y la televisión, ha sido la exposición de los niños a la violencia. Es bien sabido que a los 18 años los niños han sido testigos de decenas de miles de actos de violencia montados en televisión y películas, y ha habido una preocupación de que dicha desensibilización a la violencia haga que los niños se vuelvan violentos. Esta preocupación solo ha aumentando con la popularidad de los videojuegos.

Anteriormente, notamos que los sociólogos han observado que las personas pueden aprender valores nuevos simplemente observándolos en un video o en la televisión. La Teoría del aprendizaje por observación nos dice que las personas aprenden fácilmente a partir de la observación, y ha habido una preocupación de que mostrar a los niños actos violentos los socializará para aceptar la violencia como algo normal, y llevará a algunos a practicar actos de violencia en la vida real. Incluso existe la preocupación de que los actos de violencia representados en películas o en televisión proporcionarán a los niños planes subconscientes que pueden usar para cometer actos violentos más adelante en la vida.

Esto nos lleva a la Teoría catártica. Tiene una visión diferente de la violencia representada en los medios. En lugar de fomentar la violencia, la Teoría catártica sostiene que verla en pantalla alivia la frustración y permite a las personas vivir indirectamente a través de las personas en la pantalla. Este efecto se mejora aún más en los videojuegos donde las personas pueden "actuar" violentamente sin realmente lastimar a nadie. La conclusión de la Teoría catártica es que si los medios masivos tienen un impacto en el impulso violento de los niños, se trata de reducir los incidentes reales de violencia en el mundo real.

Capítulo 6:
Comunicación masiva, antigua y actual

Comunicación masiva, antigua y actual

Si bien los medios de comunicación han sido parte de la sociedad por mucho tiempo y están en constante evolución, se los puede agrupar en dos categorías generales: medios antiguos, y medios actuales. Las distinciones fundamentales entre los dos son:

- Los medios antiguos están controlados por un pequeño grupo de élites o corporaciones pero también pueden utilizarlos grupos independientes e individuos.

- Los medios antiguos se definían mediante la comunicación masiva con una audiencia pasiva que no podía responder. Los medios actuales pueden implicar una respuesta de la audiencia.

También podemos decir que la comunicación masiva a través de los medios antiguos difiere de los medios actuales en que estos últimos se basan en gran medida en computadoras.

Sin embargo, esto no es estrictamente verdad, y es importante reconocer que los medios antiguos también utilizan tecnología informática. Un ejemplo de esto incluye el uso del Kindle para distribuir libros electrónicos por antiguas editoriales.

El rol de los *gatekeepers*

El "gatekeeping" siempre ha desempeñado un rol importante en los medios de comunicación. Antes de la invención del internet as organizaciones de medios de comunicación podían filtrar historias y decidir qué podía ver el público. Un ejemplo es la parálisis parcial del Presidente Franklin Delano Roosevelt. Las élites de los medios temían que hubiera una pérdida de confianza en el Presidente si se permitiera al público ver su discapacidad. Como resultado, su discapacidad se mantuvo escondida del público general. El esfuerzo fue exitoso en gran parte. Esto puede haber sido desafortunado, ya que el Presidente podría haber actuado como un sólido modelo para discapacitados.

No todo el "gatekeeping" está tan bien motivado. El "gatekeeping" es una herramienta útil utilizada por sociedades totalitarias en un esfuerzo por moldear el punto de vista del público. También puede usarse para esconder información importante como preocupaciones de la salud pública o desastres ambientales. En general, las organizaciones de los medios informativos filtraban las noticias regularmente y decidían qué podía o no saber el público. Por ejemplo, durante la Segunda Guerra Mundial, las películas de propaganda pueden haber descrito las batallas reales que están sucediendo, pero han saneado el nivel de violencia y de víctimas.

El "gatekeeping" ha servido durante mucho tiempo a otros roles en los medios de comunicación. Por ejemplo, ha sido utilizado por editores de libros para restringir el número de autores "autorizados" para publicar libros. Los "gatekeepers" de las editoriales seleccionaban los libros que el público podría comprar y leer y qué libros estaban en las librerías.

A primera vista, el "gatekeeping" parece ser una herramienta que utilizaba estrictamente los medios antiguos, pero aún está vigente hoy en día. El rol del "gatekeeping" simplemente se ha adaptado a las tecnologías de los medios actuales.

Las compañías de los medios antiguos, como las estaciones de televisión, productores de discos, medios de noticias y editores, todavía utilizan el "gatekeeping" de la misma manera que siempre lo han hecho. Los nuevos productores de contenido también usan el "gatekeeping", por ejemplo, Netflix produce muchos de sus propios programas, pero no puedes poner tus propios programas en Netflix. Ellos usan el "gatekeeping" para decidir quién produce los programas y qué tan visibles son en su sistema. También lo aplican de nuevas formas, haciendo que los programas más antiguos no estén disponibles mientras que aumentan otros.

Lo que cambia con las nuevas formas de comunicación masiva es que ahora los individuos tienen la habilidad de eludir los esfuerzos de "gatekeeping" de los medios antiguos. La publicación de libros es un gran ejemplo. Con la aparición de los Kindles los autores tienen una nueva forma de publicar libros y llegar a grandes audiencias de lectores sin depender de editores. Obviamente, esto tiene resultados variados, como personas que no deberían estar escribiendo libros pueden publicar sus libros en Kindle y otras plataformas electrónicas. Dicho esto, muchos autores exitosos han usado este modelo para generar ingresos de millones de dólares evitando la participación de grandes editoriales.

Las circunstancias económicas y las tecnologías que cambian rápidamente también han reducido el rol del "gatekeeping". Continuando con el ejemplo de la publicación de libros, en el pasado, ganarse la vida como autor dependía de poder exhibir su libro en librerías. Para hacer esto se requería una gran fuerza de ventas que obtuviera un espacio codiciado para el libro del autor. Los editores se encargaban de esta función, una tarea que es demasiado grande para que el autor hiciera por su cuenta. Con la expansión de Amazon y el aumento de otros vendedores electrónicos de libros, o simplemente la capacidad de comprar un libro impreso en un foro en línea, este tipo de vendedor no es necesario. El autor ya no necesita tener presencia en una librería, mucho menos contratar personal de ventas para tratar de conseguir un espacio en sus exhibidores. Más y más personas leen libros electrónicos o compran sus libros por internet, haciendo que las librerías se vuelvan obsoletas. Esto ha eliminado a dos "gatekeepers" de la cadena de comunicación masiva, la librería y la editorial.

Hay una gran cantidad de superposiciones, por lo que no se debe pensar que los medios antiguos son antiguos y viceversa. Si bien muchos han tardado en cambiar, los editores de libros se han adaptado al nuevo panorama y publican sus libros en Kindle, así como en los métodos tradicionales.

Los medios actuales también han eliminado a los "gatekeepers" en muchas otras formas. Consideremos la radio, específicamente llamada "radio hablada". Antes de la invención del internet, solo una persona de radio contratada por una gran estación de radio podría tener un programa de "radio hablada" para promover sus puntos de vista. La invención del podcast ha cambiado esto, proporcionando un medio para grabar audio y distribuirlo para las masas.

YouTube es una de las formas con más impacto de los medios actuales, donde podemos ver el impacto de los medios actuales y la eliminación de los "gatekeepers". Desde su inicio, YouTube ha desarrollado un seguimiento sorprendente que ha permitido a las personas de todas las tendencias a desarrollar seguidores de millones de personas. Se comparten videos de forma "viral" que conducen contenido de productores individuales hacia una audiencia masiva. El video fue una vez dominio solo de los productores de cine y de televisión. Ahora, cualquier persona puede hacer videos sobre prácticamente cualquier tema y hacer que lo vean millones de personas.

Una nueva visión del *gatekeeping*

El *gatekeeping* aún está vigente, y las presiones políticas lo están volviendo a pasar a un primer plano. Tiene un nuevo carácter, y está relacionado con el rol que las compañías de los medios de noticias tienen como plataformas de comunicación, en lugar de proveedores de contenido.

Un ejemplo es la proliferación de historias que algunos consideran "noticias falsas". La controversia llegó a su punto máximo durante el resultado de las elecciones presidenciales del año 2016 en Estados Unidos, lo que llevó a políticos a presionar a las compañías tecnológicas que controlaban las plataformas de medios para que restrinjan contenido que se creía era falso. Si bien no se han aprobado leyes, las compañías tecnológicas han implementado programas de forma voluntaria para eliminar o esconder contenido que consideran indeseable. Esto se puede hacer de forma dramática, bloqueando al proveedor de contenido de su red, o puede hacerse de formas más sutiles, como la llamada *shadow banning,* en la que una publicación o video simplemente es difícil de encontrar. Google puede controlar lo que aparece en los resultados de búsqueda y si una página web aparece en la primera página o en la número 100, participando efectivamente en la censura, incluso si no lo están haciendo efectivamente.

Otras formas en las que se lleva a cabo el *gatekeeping* son más sutiles. Por ejemplo, YouTube comenzó a colocar advertencias en los videos que se consideraba que promovían "la negación del cambio climático". El impacto de estas advertencias en los espectadores no está claro, pero es un intento definitivo de desacreditar a las personas que suben o hacen videos, sin prohibirles el servicio. También hemos mencionado cómo los proveedores de pago pueden cortar las tecnologías de pago a proveedores de contenido que no aprueban.

Por estas razones, muchos han comenzado un debate sobre el rol que proveedores de plataformas como YouTube desempeñan en nuestra sociedad. Algunos dicen que simplemente son compañías privadas, por lo que pueden establecer las reglas que quieran, y si a usted no le gusta, puede irse a otro lugar. Pero si usted está vetado de YouTube y Google coloca su sitio web en la página 100 en los resultados de búsqueda, ¿es realmente válido este argumento? Otros no lo creen y piensan que las compañías de plataformas de medios se han vuelto tan importantes que, en cambio, deberían considerarse servicios públicos. Esto restringiría las acciones que podrían tomar compañías como YouTube o Twitter en contra de las personas que utilizan sus servicios, en resumen, rediciendo su rol de *gatekeepers*.

Si   el rol de *gatekeeping* tiene algún efecto importante o duradero, aún está por verse. Una razón es que los servicios competitivos pueden surgir para llenar los vacíos. En respuesta a Twitter, se creó una plataforma alternativa de medios, llamada Gab. Entonces, técnicamente hablando, alguien puede ser vetado de Twitter y simplemente pasarse a Gab. Por supuesto que la desventaja de este argumento es que Twitter es donde están todas las personas. Otro problema es que cuando a las personas se las veta de un sitio como Twitter y se pasan a un sitio como Gab, Gab comienza a desarrollar una reputación sospechosa. Los principales medios como *USA Today* comenzaron a etiquetarlo de sitio marginal.

Tipos de medios antiguos

Los medios de comunicación antiguos se remontan a tiempos más simples. El primer medio antiguo de comunicación masiva que se desarrolló fue el libro impreso. En 1440, Gutenberg inventó la imprenta en Maguncia, Alemania, y desde entonces, no hemos mirado atrás. El impacto de la imprenta fue rápido y dramático. La alfabetización aumentó rápidamente, y los libros se publicaban en grandes tiradas de imprentas y se vendían a través de Europa.

Unos cientos de años después, una derivación del libro impreso se volvió popular como herramienta de agitación política. Este es el llamado panfleto, un documento impreso corto que se puede producir en masa y se comparte ampliamente. Encontró una ventaja particular en la era revolucionaria estadounidense, permitiendo a los revolucionarios difundir su mensaje de forma rápida y persuasiva. Si bien tenía que imprimirse, distribuirse y entregarse físicamente, se puede pensar en los panfletos como en el *tweet* viral o una publicación de Facebook de sus días. Una vez leído convencida una persona de su argumento, podía compartir el panfleto con otras personas.

A pesar de estas innovaciones dramáticas, la comunicación masiva se mantuvo relativamente estable por un largo período. No fue hasta que la nueva ciencia de la electricidad comenzó a desarrollar invenciones, que la comunicación masiva experimentó más cambios. El primero fue el telégrafo, que por primera vez en la historia de la humanidad permitió la rápida transmisión de mensajes a largas distancias. Dado que una persona tenía que ir a una oficina de telégrafo para recibir un mensaje, no era comunicación instantánea, pero sentó las bases para invenciones posteriores que acelerarían la comunicación y harían al mundo más pequeño.

La segunda mitad del siglo XIX vio el surgimiento de las revistas. La primera revista conocida se publicó en 1731 por un inglés llamado Edward Cave. Derivó la palabra "revista" de la palabra árabe *makhazin,* que significa almacén. Las revistas son importantes en la comunicación masiva por dos motivos:

- Las revistas son una publicación periódica o regular. Por ejemplo, se puede publicar una nueva edición una vez a la semana o al mes.
- Las revistas están destinadas al consumo del público general. fueron verdaderas comunicaciones masivas, siendo distribuidas a grandes audiencias.

Si bien el uso de las revistas creció a paso lento, llegaron a tener un gran impacto en la cultura. Para el tiempo de la Guerra de Secesión, las revistas se habían convertido en fuentes importantes de noticias para el público general. *Harper's Weekly* tuvo una influencia muy grande en su momento, publicando informes de guerra y fotografías que atraen la imaginación del público.

Las revistas también desempeñaron una función importante de comunicación masiva que reconocemos hoy en día: intentar moldear la opinión del público. Muchas revistas de noticias tenían (y aún tienen) periodistas de opinión, quienes al escribir un breve ensayo intentan convencer al lector de la validez de una posición u otra. Otra función de las revistas era preservar, moldear y transmitir la cultura. Esto se hizo de formas inocuas, como proporcionar recetas de comida, pero también de formas más directas, como publicar artículos relacionados con métodos de crianza de los niños y, por lo tanto, tener un impacto directo en el proceso de socialización que se lleva a cabo en las familias.

Finalmente, las revistas promovieron el marketing y las ventas y ayudaron a crear el negocio de las ventas directas. Las personas podían ver los productos que se promocionaban en las revistas y luego pedirlos y que se los envíen a sus casas. Este tipo de comunicación masiva se llevó a su máximo punto con la invención de los catálogos impresos, que eran los "Amazons" de sus días. Las personas podían comprar de forma virtual cualquier producto del catálogo de *Sears,* incluso al mismo tiempo, incluyendo casas prefabricadas.

Los catálogos y las revistas aún existen, pero la mayoría se han adaptado a la tecnología cambiante y han pasado a estar en línea. Esto incluye periódicos famosos como el *New York Times,* el *Wall Street Journal,* y revistas antiguas como *The New Yorker.* Al estar en línea han mantenido la popularidad de estas publicaciones y les ha permitido seguir siendo relevantes, pero a pesar de los altos niveles de tráfico, algunos como el *New York Times* no pueden mantener la rentabilidad financiera.

La revista ha tenido un gran impacto en el desarrollo de los medios de comunicación antiguos. Otro desarrollo tecnológico que tuvo impacto fue la invención de la fotografía. Es difícil sobreestimar la importancia que la fotografía ha desempeñado en las percepciones culturales de eventos, hasta ahora, para formar la mentalidad nacional. La primera vez que esto fue notable, fue durante la Guerra de Secesión, cuando se publicaron fotografías de los campos de batalla por el fotógrafo Matthew Brady. Por primera vez en la historia, las personas distantes de la zona de guerra podían ver la muerte y la destrucción desde cerca. El impacto de las fotografías de las guerras ha continuado hasta la era moderna, desde la Guerra de Vietnam hasta los conflictos actuales.

A principios del siglo XX se produjeron cambios masivos que llevarían a la comunicación masiva al estado que conocemos hoy. El primer invento que impulsó estos cambios fue la radio. Conjuntamente con la radio, la invención del fonógrafo o "registro" permitió a las personas reproducir grabaciones de actuaciones musicales, algo que hoy en día damos por hecho pero que en aquel tiempo fue bastante novedoso.

La radio, junto con el telégrafo y otro invento importante de la época, el teléfono, ayudaron a impulsar la creación de los medios de comunicación modernos.

Por primera vez, se podía comunicar información sobre eventos importantes, tanto de forma instantánea por teléfono o con pequeños retrasos a través del telégrafo, y luego se reportaba a una audiencia masiva a través de transmisiones de radio.

La radio también se utilizaba para reproducir música para las personas y para proporcionar entretenimiento de audio contando historias. Es difícil discernir con el éxito de la radio. Todavía existe hoy en día y continúa siendo muy popular y ha evolucionado para incorporar nuevas tecnologías, a través del uso de *podcasts*, transmisión en internet y otros métodos.

Casi al mismo tiempo, se llevaron las imágenes en movimiento a la pantalla, y nació el video. La película fue el último pilar que se necesitaba para establecer a los medios masivos en el sentido en que lo conocemos actualmente. Al usar películas as personas pudieron lograr muchas cosas:

- Mostrar a las personas formas apropiadas de comportamiento, según lo consideraba el creador del contenido.

- Usar simbolismos, imágenes y mensajes en la película para moldear los puntos de vista y percepciones de las personas.

- Impulsar el cambio social.

Además, como mencionamos antes, a través de las películas fue la primera vez que las celebridades se volvieron realmente importante. Rápidamente actores y actrices se convirtieron en estrellas, que no solo eran admirados y "adorados", sino que también se buscaba en ellos orientación y consuelo. Las estrellas se convirtieron en personas de influencia capaces de moldear la opinión pública e impulsar cambios sociales por su cuenta.

Una importante derivación de las películas fue el noticiero, que permitía a las personas ver reportajes de noticias por primera vez. Los noticieros tendían a ser altamente manipuladores y se los puede describir precisamente como propaganda. El rol del *gatekeeper* era tan fuerte que las historias se elegían cuidadosamente para el público televisivo, y la presentación de las historias podía ser altamente selectiva y manipuladora.

Los noticieros también generaban nuevos tipos de celebridades. Albert Einstein se convirtió rápidamente en un nombre familiar como científico famoso. Los políticos y atletas también se convirtieron mucho más conocidos que en épocas anteriores. Los temerarios, por falta de un mejor término, también ganaron fama a través de los noticieros. La nación observó con asombro cómo los informes describían las hazañas de los aviadores como Charles Lindbergh y Amelia Earhart. Magnates de los negocios como William Randolph Hearst y Howard Hughes ganaron mucha fama. En tiempos anteriores a la comunicación masiva, muchas de estas personas no habrían sido ampliamente conocidas.

Finalmente, cerramos la discusión de los medios antiguos con, quizás, la herramienta de los medios de comunicación más importante jamás conocida: la televisión. La televisión toma varias de las herramientas de comunicación masiva disponibles para los productores de contenido que produjeron películas, y las hizo mucho más ubicuas y extendidas. El aspecto más importante de la televisión era que traía la producción de contenido de una pequeña élite directamente al hogar, donde tenía un impacto inmediato y directo en la familia. Se utilizaba de muchas formas. Si bien la televisión ha ayudado a impulsar una gran cantidad de cambios sociales, también se ha usado para reforzar valores sociales actuales que sostenía el establecimiento de la época. Como vimos en el capítulo anterior, la programación televisiva ha tenido una gran influencia en la crianza de los niños, usando métodos sutiles y no tan sutiles para favorecer y educar a los niños, a veces de formas que los padres no preferían en aquel momento. La televisión, como las películas, permitía a los productores de contenido enseñar solo por observación. En lugar de "sermonear" que esta es la forma en que se debe hacer las cosas, el productor de contenido podía mostrar a las personas que veían televisión cómo deben ser las cosas, de acuerdo a sus sistemas de creencias.

Medios actuales

La llegada de nuevos medios de comunicación comenzó cuando el internet se hizo público y se comercializó a principios hasta mediados de la década de 1990. Al principio, internet tenía una atmósfera de tipo salvaje oeste, lo que permitía a casi cualquier persona con algún tipo de conocimiento técnico poner sitios web e involucrar de inmediato a un gran número de personas. Internet fue un fenómeno comercial importante, que ayudó a crear muchas compañías famosas que actualmente conocemos como Amazon, Google y Facebook.

Como medio de comunicación masiva, Internet representó un nuevo panorama que eventualmente fusionaría varias tecnologías de medios diferentes. El más obvio fue el movimiento de periódicos y revistas al nuevo medio. La estructura de las primeras páginas web se ajusta fácilmente al modelo de presentación de historias con texto e imágenes. Más adelante, a medida que se desarrollara la tecnología, se incorporarían el video y las compras, creando un mundo "en línea" que reflejaba el mundo físico.

En los primeros días, internet no era en realidad considerablemente diferente de los medios antiguos como herramienta de comunicación masiva, aunque tenía varias ventajas distintas. Algunas eran:

- La habilidad de hacer cambios de forma instantánea. Los proveedores de contenido no tenían que esperar para ejecutar una imprenta y podían publicar nuevos artículos rápidamente.
- La habilidad de fusionar tipos de contenido. Anteriormente, la televisión, la radio, las

películas y los medios impresos como revistas y periódicos existían en dominios separados. Ahora, todos pueden combinarse en un solo sitio web.

- La falta de un *gatekeeper*. Internet permite que cualquiera pueda crear un sitio web y, potencialmente, obtener una gran audiencia. Por lo tanto, la comunicación masiva se sacó del control de una pequeña élite.

Un invento interesante que surgió de internet fue el *blog*. Un blog es la serie de publicaciones escritas que se publican en un sitio web. Los blogs son una forma en la que individuos o pequeñas organizaciones pueden utilizar los medios masivos para comunicarse con grandes audiencias, evitando los tradicionales *gatekeepers* como las revistas publicadas y organizaciones de noticias. Aunque comenzaron como herramientas simples, los blogs han evolucionado para convertirse en contenido enriquecido, permitiendo a los operadores publicar videos, texto, archivos de audio y fotografías, todo junto en un solo artículo.

El blog puede actualizarse en tiempo real, lo que permite que el contenido se expanda rápidamente.

Dado que internet permitió a las personas crear sitios web con contenido enriquecido y de fácil acceso que contengan videos e imágenes, no es sorprendente que la pornografía pronto haya encontrado un lugar en línea. Este "lado oscuro" de la tecnología ha tenido un gran impacto, ya que ha marginado a la industria de las películas pornográficas, que anteriormente era popular, y aumentando la visualización de pornografía al eliminar el estigma, ya que las personas podían verla de forma instantánea y dentro de la privacidad de sus propias casas. Ya no era necesario ir a una sórdida sala de cine o enfrentarse a la vergüenza de alquilar una película para adultos en una tienda de alquiler de películas. El impacto de la pornografía en la sociedad es un tema intenso de investigación para los sociólogos.

La interactividad también se convirtió rápidamente en una característica de los medios de comunicación en internet. Esto permitió a las personas de diferentes lugares geográficos y antecedentes que se reunieran para interactuar e interactuar en discusiones y en los llamados "foros". Dicha interactividad fue un percusor de las redes sociales actuales, pero no permitió a las personas obtener el estatus de celebridad o influir en las percepciones y eventos de la forma que los medios sociales lo hacen hoy en día.

El video es el Rey

En 2005, el mundo cambió para siempre cuando tres ex empleados de PayPal crearon el servicio para compartir videos llamado YouTube. Actualmente, YouTube es muy conocido, pero en 2005, es fácil decir que nadie apreciaba el impacto dramático que el servicio habría tenido en los medios masivos y en la comunicación en general. Los seres humanos son criaturas visuales, por lo que un sitio web que permite a las personas ver de forma virtual una variedad ilimitada de videos sin costo, es definitivamente una fórmula ganadora.

Poco después de su fundación, YouTube se convirtió rápidamente en un gigante de los medios de comunicación con un anuncio de publicidad para Nike que obtuvo un millón de visitas unos meses después que se creó el servicio. Sin embargo, en aquel momento las personas no apreciaban plenamente el rol que desempeñaría YouTube en el cambio del panorama de los medios masivos. Actualmente, YouTube es inmensamente popular y se dice que es el segundo sitio web más visitado en el mundo, con 15 mil millones de visitantes por mes. Todos los principales medios de comunicación, estrellas de cine y artistas musicales están presentes en YouTube. Puede usarse para ver videos caseros o para transmitir en vivo eventos de TV.

Sin embargo, lo que hace a YouTube interesante desde una perspectiva psicológica no es la presencia de personas que ya son famosas o redes de televisión existentes. La verdadera importancia de YouTube yace en la capacidad que tienen las personas para usar el sitio web como vehículo para comunicación masiva por video, sin pasar por las redes tradicionales de televisión y salas de cine. Consideremos YouTube, el Kindle de los videos, y la televisión.

YouTube cambia los medios de video de tres formas diferentes:

- Permite subir y publicar videos casi instantáneamente.
- Permite a las personas compartir videos con amigos y familiares o publicar videos en sus propios blogs o sitios web haciendo que algunos videos se hagan "virales".
- YouTube es interactivo. Las personas pueden comentar videos. Pueden tener discusiones con

la persona o compañía que subió el video o con otras personas que están comentando.

Estos factores han permitido a muchas personas lograr el estatus de celebridad y alcanzar una pequeña cantidad de fama simplemente por publicar videos en YouTube. Dado que el servicio permite a las personas que postean ganar dinero con publicidad, las personas con altos números de visitas pueden generar ingresos significantes. Por ejemplo (por nombre de usuario):

- PewDiePie: Reportó ingresos anuales de $15 millones.
- Roman Atwood: Reportó ingresos anuales de $8 millones.
- Lily Singh: Reportó ingresos anuales de $7.5 millones.

Además de obtener ingresos por la publicidad, las personas con talento para producir videos que se ven y obtienen seguidores, han creado una nueva categoría de celebridad, el *influencer*.

Los *influencers* son por definición personas que tienen un gran número de seguidores en YouTube y obtendrán una gran cantidad de visitas en el video que lancen a su audiencia de suscriptores. Es fácil adivinar que los *influencers* han atraído la atención de grandes compañías (y también de las pequeñas) que están ansiosas por poner sus productos frente a un gran número de personas. Como resultado, además de ganar dinero con los ingresos por publicidad, los *influencers* pueden ganar dinero probando productos en videos de YouTube.

YouTube ocupa mucho del tiempo de adolescentes y estudiantes de secundaria. Si bien la televisión aún es grande, es probable que YouTube haya recorrido un largo camino para reemplazarla, ya que proporciona una diversidad más amplia de contenido de video que está disponible bajo demanda, en lugar de tener que esperar a que una red televisiva transmita un programa.

Aunque los padres generalmente encuentran que la televisión es estresante, controlar el acceso a YouTube es virtualmente imposible y las posibles influencias en la socialización son infinitas y completamente descontroladas. Una celebridad famosa como PewDiePie acumula audiencias de millones de personas en todo el mundo.

YouTube también se ha utilizado como una plataforma educativa. Un ejemplo conocido es Khan Academy, donde un pequeño negocio educativo sin fines de lucro fundado por Salman Khan en 2008 utilizó YouTube en conjunto con su propio sitio web para distribuir videos educativos tutoriales sobre una amplia gama de temas.

Los puntos de YouTube son:

- YouTube ha acelerado enormemente la comunicación por video.
- Ha democratizado la comunicación masiva al permitir que cualquier persona, ubicada

virtualmente en cualquier lugar, publique un video que puedan ver millones.

- Ha permitido a las personas alcanzar un estatus de celebridad menor, ya que las personas con habilidad especial para hacer videos pueden generar grandes audiencias, con el tiempo.
- YouTube es muy influyente entre los jóvenes y su socialización. Sin embargo, como el contenido es tan diverso, el impacto es difícil de determinar.
- YouTube ha ayudado a hacer el mundo más pequeño.
- Está descentralizado. Por lo tanto, no hay una pequeña élite que promueva intenciones específicas o que intenten promulgar un cambio social.
- Hay personas que intentan influir, pero están compitiendo en un mercado de ideas. En este momento el impacto de esto no está claro, ya que muchos puntos de vista diversos compiten entre sí.

- YouTube se ha utilizado para el bien, el mal, y lo tonto. ISIS ha utilizado YouTube para publicar videos de ejecuciones, mientras que personas como PewDiePie simplemente hacen tonterías, incluso si están haciendo mucho dinero.

Facebook y Twitter

Unos años después que se creó YouTube, llegaron más compañías de redes sociales que tuvieron un gran impacto en los medios de comunicación. Facebook, que originalmente se vendió como un servicio que podía usarse para "conectar" con amigos y familia y compartir mensajes, videos y fotografías, se ha convertido en un gigante de la publicidad que se basa en la recopilación de datos sobre las personas y sus hábitos, que hace que a los anunciantes "se les haga agua la boca". Como YouTube, Facebook también ha ayudado previamente a personas desconocidas y a pequeños negocios a utilizar la comunicación masiva para lograr el estatus de celebridad y hacer crecer sus negocios.

Hay varias formas en que Facebook actúa como una importante herramienta de comunicación masiva. Si bien la mayoría de las personas piensa en Facebook en términos de compartir el último video de su gato con sus amigos, nuestro interés en Facebook está en examinar cómo está impactando el panorama de la comunicación masiva. De alguna manera, Facebook es una extensión de desarrollos anteriores en internet. El desarrollo más antiguo son los foros, mencionados anteriormente. Los foros permiten a las personas agruparse por intereses comunes para debatir y compartir. Facebook ha tomado ese concepto y lo ha hecho mucho más sofisticado y dinámico. Las conversaciones en tiempo real y el intercambio agregan un nivel de adicción a la plataforma. Sin embargo, para los propósitos de los medios de comunicación masivos, uno de los aspectos más importantes de Facebook es la página de Facebook y el "me gusta".

Las interacciones en Facebook y la formación de grupos de Facebook han creado un problema sorprendente: el aumento del ciberacoso. Los jóvenes generalmente valoran su presencia en línea tanto como en la vida real, y los niños que participan en el acoso han explotado esto para llevar el acoso en línea con gran efecto, algunas veces llevando al suicidio.

Una página de Facebook es una configuración de página web en Facebook. Al permitir a los usuarios configurar una página en Facebook, el servicio ha facilitado que personas con un interés particular (digamos, gatos tocando el piano) o un negocio, establezca su presencia en Facebook. Las personas también pueden formar páginas de grupos en Facebook donde personas con intereses afines pueden "juntarse" en el mundo en línea para debatir y compartir. Cuando a las personas les gusta una página, por ejemplo, la página de gatos tocando el piano, Facebook almacena ese dato sobre usted junto con miles de otros datos.

Estos datos los pueden utilizar luego los anunciantes para impulsar campañas publicitarias altamente específicas.

Facebook permite que los anunciantes publiquen anuncios en el *timeline* o en el inicio del Facebook del usuario. Entonces, si anteriormente le diste "me gusta" a una página de Facebook de gatos tocando el piano, puede que se lo marque como posible propietario de un gato y puede que vea anuncios de comida para gatos en su inicio de Facebook. O tal vez, incluso le dio "me gusta" a una página de Facebook de un fabricante particular de comida para gatos. Este tipo de publicidad dirigida basada en los hábitos e intereses documentados, no tiene precedentes en la historia de la publicidad.

Lo interesante de Facebook desde esta perspectiva, es que su poder como medio de publicidad está disponible virtualmente para cualquier persona, no solo grandes corporaciones. Mientras que YouTube democratizó la producción de videos, Facebook ha democratizado la publicidad en los medios de comunicación, permitiendo a los negocios más pequeños llegar a las personas de todo el mundo utilizando estos tipos de técnicas de selección.

La capacidad para hacer esto ha sido utilizada con fines políticos y ha planteado preocupaciones sobre la privacidad, generando una gran controversia. En particular, se cree que grupos externos pueden haber utilizado Facebook para mostrar anuncios influyentes a usuarios durante campañas políticas que pueden o no haber utilizado información falsa.

Además, la naturaleza ligeramente protegida del servicio permite a entidades extranjeras publicar anuncios para usuarios estadounidenses que también han sido controversiales, e internet ofrece a algunas personas un poco de "cobertura", así que es difícil saber realmente quién está detrás de un anuncio.

Facebook ha agregado otra capa de comunicación que es extremadamente diversa en los medios utilizados, los temas tratados y las aplicaciones. Todavía es relativamente nuevo, por lo que su impacto en la sociedad es incierto.

Twitter es otro servicio de intercambio que está cambiando los medios de comunicación rápidamente, permitiendo a las personas pasar por alto otros canales de medios que han sido restringidos por los *gatekeepers*. Algunos dirían que es una plaga en el idioma inglés.

Al limitar los mensajes a 140 caracteres (desde que aumentó), Twitter ha obligado a las personas a hablar en pequeños fragmentos de sonido. Pero el aspecto más importante de Twitter puede que sea su uso como una plataforma de medio de comunicación donde una celebridad o una figura política pueden enviar mensajes a sus seguidores y al público en general de forma casi instantánea.Si una persona conocida es la que envía los mensajes, generalmente son recogidos por medios de comunicación más tradicionales y se extienden por todo internet. La capacidad de comunicarse instantáneamente ha llevado a algunos mensajes vergonzosos y desafortunados se envíen por impulso.

Los usuarios también pueden compartir video y enlaces en Twitter a pesar de la capacidad de comunicación limitada autoimpuesta de las plataformas.

A diferencia de Facebook, se ha observado que Twitter fomenta patrones de comunicación poco saludables. La rudeza en línea está en su punto más alto, tal vez impulsada por el hecho de que las personas están protegidas por la comunicación rápida a través de la computadora, en vez de tener que hablar en persona, junto con la naturaleza instantánea de la comunicación por Twitter.

Twitter y Facebook, como YouTube, se han convertido en plataformas para *influencers*. Algunos han saltado a la fama en Twitter, al crear sus propios canales de radio y otros medios con millones de seguidores. Los *influencers* más habilidosos combinan todas las plataformas de medios y tienen presencia en YouTube, Twitter y Facebook, junto con otras plataformas de forma simultánea.

Un desarrollo en línea negativo ha sido la creación de "mafias virtuales". Las pandillas de personas se pueden movilizar para publicar *twits*, enviar correos electrónicos, o publicar en páginas de Facebook para producir algún resultado deseado. En algunos casos, ni siquiera se sabe si las personas que pertenecen a la mafia son personales reales, pero muchas compañías y oficiales del gobierno no se arriesgan. Una "mafia virtual" puede dar de baja a un anunciante, obtener publicidad de un programa que no les gusta, o cerras las cuentas de redes sociales de alguien.

Teléfonos inteligentes y otras redes sociales

La proliferación de los medios es continua y no parece estar desacelerándose, por lo que es imposible mencionar cada una de las plataformas. Hay algunas que no hemos mencionado, como Instagram, Vine y Snapchat. No hace falta decir que todas están contribuyendo a la rápida evolución de los medios de comunicación masivos. También es justo decir que son todas tan nuevas que el impacto sociológico aún no se ha trabajado completamente.

Sin embargo, otra categoría general que veremos es el teléfono inteligente y su hermano menor, la *tablet*. El iPhone y el iPad son los ejemplos más famosos. Los teléfonos inteligentes han creado otra capa de medios en la parte superior del internet, a través de la cual las comunicaciones masivas son posibles.

Es un dispositivo de múltiples capas, básicamente una computadora de mano, y con la llegada de las aplicaciones se puede convertir en un escenario de comunicación masiva sin necesidad de referencia a ningún medio de comunicación anterior. Usando aplicaciones solo, las personas pueden crear una plataforma de comunicación masiva que puede llegar a decenas de millones de personas. La plataforma puede ser independiente, o puede integrar métodos de comunicación masiva más antiguos y diferentes como YouTube. Los usuarios de teléfonos inteligentes tienen acceso a aplicaciones, a internet y a servicios como Facebook, ya sea a través de aplicaciones o de internet. Los teléfonos inteligentes vienen equipados con cámaras y capacidad de video, proporcionando una forma de vincularse con otros servicios y promocionar a audiencias en gran escala.

Los impactos de los medios actuales en la sociedad

Desde una perspectiva sociológica, la transformación rápida y radical de los medios de comunicación a través de la tecnología es fascinante. Dado que vivimos en medio de esta transformación, las implicancias para la sociedad y la socialización no están claras, pero nadie duda de que serán grandes. Algunas cosas que podemos identificar son:

- Las comunicaciones masivas son mucho más accesibles para las personas promedio. El rol del *gatekeeper* se ha reducido, y la comunicación masiva ya no está controlada por un pequeño grupo de élites.

- Es más difícil para un grupo tratar de moldear la socialización, normas y comportamientos.

- El control gubernamental puede ser simultáneamente más fácil, ya que la tecnología es una herramienta poderosa fácil de manipular, pero también es fácil de eludir de democratizar, debilitando las posiciones del gobierno. Es mucho más difícil ocultar información, pero también mucho más fácil generar propaganda.

- Los medios antiguos y compañías que lo dominan todavía existen y siguen siendo poderosas. Los medios antiguos se han adaptado a las circunstancias cambiantes, estableciendo su presencia en los medios actuales.

- Los impactos de la revolución de los medios actuales serán grandes. Los nuevos medios de comunicación tienen impacto en la socialización de los niños, hacen que el mundo sea más pequeño al reunir a personas de todo el mundo bajo un mismo techo, por así decirlo, y pueden dificultar el cumplimiento de las normas sociales.

Nuevamente, es una etapa temprana en la historia de los nuevos medios de comunicación masiva, por lo que no conoceremos su impacto completo durante algún tiempo.

Capítulo 7:
Medios actuales y socialización

Medios actuales y socialización

La socialización es muy importante para los niños. Durante el proceso de socialización, el niño aprende:

- Normas sociales importantes que se espera que sigan.
- Valores que mantiene la sociedad o los subsistemas a los que pertenece la familia, como su religión.
- Conocimiento e historia.

El proceso de socialización lleva muchos años y tiene un impacto que dura para toda la vida. Es de crucial importancia saber que la socialización determinará cómo el niño forma relaciones más tarde en su vida, no solo determinando cómo forman su propia familia o fallan al hacerlo, sino también cuán exitosos son profesionalmente y si se involucran o no en diversos tipos de problemas legales debido a problemas de control de sus impulsos o por no considerar el futuro.

A medida que las herramientas digitales siguen ganando importancia en la vida diaria, las redes sociales como Facebook y Twitter también ganan importancia. De hecho, los niños son los usuarios principales de muchas redes sociales, y utilizan nuevos canales de comunicación para formar y mantener relaciones. Además de los sistemas digitales que se identifican fácilmente como redes sociales, los niños también utilizan videojuegos y mundos virtuales que cumplen esta función igualmente bien. En resumen, mientras que todo el mundo está en Facebook o usando Twitter en el mundo actual, para los niños los medios sociales se han vuelto una herramienta indispensable de comunicación y para el mantenimiento de relaciones.

Las encuestas son escasas y variadas; sin embargo, se cree que al menos el 82% de los adolescentes (si no el 100%) tienen un perfil en una red social. Además, el adolescente estadounidense promedio pasa casi cinco horas diarias con su teléfono inteligente y lo revisa 46 veces al día.

Los teléfonos inteligentes se utilizan para toda la gama de actividades sociales, desde mensajes de texto hasta jugar videojuegos y hacer publicaciones en Facebook o Twitter.

Dado que la gran proporción de tiempo se dedica a las redes sociales, si la televisión puede considerarse un agente de socialización, entonces el uso de las redes sociales definitivamente se ajusta a esta definición.

A diferencia de la televisión, que es una actividad pasiva donde los espectadores se alimentan de información, las redes sociales integran las comunicaciones masivas con las interacciones interpersonales.

Esto tiene tanto buenas como malas implicancias. Si bien las interacciones sociales en las redes pueden ser positivas, fomentar amistades y alentar el intercambio de ideas, la naturaleza interactiva de estas redes también puede causar problemas de adicción y obsesión generalizada.

El nivel de obsesión es notable, más de uno de cinco adolescentes reporta que revisan sus redes sociales más de diez veces al día, y la mitad reporta que las revisan más de una vez al día. No hace falta ser un genio para darse cuenta que los valores reales pueden ser un poco más alto, ya que los adolescentes pueden sentirse avergonzados de reportar el verdadero nivel de su participación con las redes sociales. Si bien el enfoque está en Twitter y Facebook, la mensajería de texto es otra herramienta social que genera uso obsesivo. Muchos adolescentes reportan que usan más la mensajería de texto de lo que interactúan cara a cara. Muchos niños reportan tal obsesión con el uso de la tecnología, que no pueden siquiera soltar sus celulares para ir al baño. Las implicancias de esto son generalizadas, desde la disminución de la actividad física hasta el hecho de no desarrollar adecuadamente las habilidades de interacción interpersonales fuera del dominio digital.

Dado que los niños pasan mucho tiempo involucrados en actividades computarizadas, ya sea en salas de chat, enviando mensajes o jugando videojuegos, el tiempo excesivo dedicado a dichas actividades puede desdibujar la línea entre la fantasía y la realidad. Este problema solo empeorará, y el poder de procesamiento informático continúa mejorando, y los mundos virtuales se vuelven más realistas y atractivos.

A pesar de las preocupaciones, el uso de las redes sociales proporciona muchos beneficios que pueden mejorar la socialización general. Por ejemplo, las redes sociales:

- Permiten a los niños estar en contacto con amigos y familiares.
- Animan a los usuarios a intercambiar ideas.
- Ayudan a las personas a conectarse con quienes comparten intereses similares. Esto puede permitir a las personas conectarse a través de amplias áreas geográficas y facilitar las

interacciones entre personas que de otra forma no se conocerían.

- Promueven el intercambio de idea entre personas con antecedentes diversos.
- Permiten la colaboración en proyectos grupales.
- Ayudan a los niños a comprometerse con la comunidad, incluida la caridad.
- Proporcionan una plataforma para el desarrollo de nuevas relaciones.

A pesar de la larga lista de beneficios, los medios sociales conllevan muchos riesgos y desventajas. Primero, entre ellos está el fenómeno antes mencionado: el ciberacoso. El ciberacoso es el proceso de utilizar herramientas en línea para avergonzar a otra persona, difundir rumores falsos sobre esa persona, o involucrarse con la persona de forma hostil, o incluso amenazarlos en línea. Los estudios han demostrado que el ciberacoso lleva a problemas clínicos, que incluyen la depresión y otros trastornos psicológicos. En algunos casos, incluso ha llevado al suicidio.

El ciberacoso no es el único problema que puede resultar del uso de las redes sociales. Estudios han demostrado que los niños pueden desarrollar depresión por pasar demasiado tiempo en línea o por no poder revisar sus cuentas de redes sociales tan seguido como quisieran. La depresión que resulta de estar en línea demasiado tiempo puede llevar a una autoestima más baja. Además, los niños también reportan depresión que resulta de comprar su imagen con fotografías de otros niños o de la comparación de su propia vida con la vida que muestran otros en sus redes sociales. Dichas comparaciones pueden llevar a los niños a desarrollar mecanismos de afrontamiento poco saludables, que en la adolescencia pueden provocar el uso de drogas o actividades sexuales poco saludables.

Una forma interesante en que las redes sociales han dañado a los jóvenes es su aparente falta de comprensión al respecto del impacto de una publicación en una red social. Es decir, parece que no están conscientes que eliminar una publicación vergonzosa no necesariamente la elimina definitivamente, y algo puede regresar y perseguirlos años más tarde. Generalmente, las publicaciones vergonzosas o imágenes pueden permanecer en línea durante toda la vida.

Como si estos problemas no fueran lo suficientemente graves, para la sociología, las implicancias que deben considerarse son cómo pasar tanto tiempo en línea impacta en la socialización del niño. En resumen, ese tiempo en línea puede resultar en el fracaso en el desarrollo de muchas habilidades sociales importantes que serán necesarias a lo largo de la vida.

Un área que se ve afectada es el procesamiento de señales no verbales durante las interacciones cara a cara. Es importante que un niño aprenda a comprender el contacto visual o la falta de este, el tono de voz, expresiones faciales, postura y límites del espacio personal.

Además de comprender cómo interpretar estas señales en otros, el niño debe aprender a usarlas para comunicar sus propios sentimientos y deseos a otras personas. Estos aspectos de socialización son importantes para formar relaciones a través de la vida adulta en una amplia variedad de contextos, desde profesionalmente hasta encontrar una expectativa de matrimonio. Los niños que han pasado demasiado tiempo en línea y que tienen problemas en estas áreas muestran un déficit de video. Se ha demostrado que los niños aprenden mejor desde interacciones personales que en interacciones a través de una pantalla.

El exceso de tiempo en línea también puede llevar a déficits físicos, ya que los niños descuidan su salud. Los niños pasan menos tiempo afuera, participando en un juego físico o practicando deportes fuera de las actividades extremadamente organizadas. Más adelante en la vida, esto puede derivar en obesidad y otros marcadores de mala salud. El ejército de Estados Unidos ya está reportando que están teniendo dificultades para encontrar reclutas que reúnan los requisitos para el alistamiento, debido a su condición física.

La realidad es que los niños nacidos desde 2000-2005 son los primeros en crecer completamente inmersos en el dominio digital. Como resultado, no se comprende completamente cómo van a resultar las cosas y si los beneficios de las redes sociales superarán o no los riesgos. Si bien la mayoría de los adultos, incluso muchos ancianos, también pasan tiempo en Facebook y Twitter, no crecieron utilizando las redes sociales.

Capítulo 8:
La cultura juvenil y los grupos de iguales

La cultura juvenil y los grupos de iguales

La cultura juvenil describe la cultura especial que comparten los adolescentes, incluidos valores, creencias, normas de comportamiento, intereses y prácticas en común. Si bien los adolescentes comparten algunos valores culturales en común con adultos mayores, se distinguen por su propio subconjunto de la cultura general. En la superficie, la cultura juvenil parece cambiar rápidamente, ya que cada generación es diferente de las generaciones anteriores, pero hay algunos temas constantes que debemos tener en cuenta. La cultura juvenil tiende a manifestarse más comúnmente y abiertamente en sociedades democráticas. En sociedades más ligadas a la tradición o tiránicas, generalmente hay poca o ninguna cultura juvenil, al menos una que sea públicamente visible.

Cultura juvenil

Muchos aspectos de la cultura juvenil pueden considerarse superficiales. Por ejemplo, el estilo de vestir es un aspecto importante de la cultura juvenil y siempre lo ha sido. Las preferencias musicales también es un aspecto importante de la cultura juvenil. Los adolescentes generalmente se definen a sí mismos en términos de gustos musicales.

Los investigadores debaten si dichas características realmente definen o no a una cultura. Es justo argumentar que este tipo de cosas simplemente son aspectos de la cultura general en la cual se encuentran los jóvenes. En particular, no va a sorprender a nadie que los jóvenes usualmente compartan la mayoría de sus valores, morales, creencias y normas sociales con sus padres, por lo que la idea de que realmente existe una cultura juvenil distinta, aparte de la cultura general, parece menos convincente.

Para definir una cultura diferente, es razonable esperar que los jóvenes tengan valores y creencias diferentes de los de la cultura general. De hecho, tal situación es difícil de encontrar. Las diferencias entre las personas mayores y adolescentes son generalmente más exageradas que esenciales. Los niños sobreestiman las diferencias que tienen con generaciones mayores, y los padres hacen lo mismo, decisiones erróneas musicales y la ropa por un conjunto diferente de valores. Cuando se los examina detenidamente, los sociólogos han encontrado que los valores y creencias compartidos por los jóvenes tienen más en común con los de sus padres de lo que parece.

También se puede cuestionar si hay una cultura juvenil común o si hay múltiples culturas juveniles distintas definidas por raza, clase social y orientación sexual. La proximidad geográfica también puede llevar a varias subculturas juveniles.

La cultura juvenil, si es que realmente existe, puede atribuirse a la prosperidad de la sociedad moderna y la escolarización formal. En épocas anteriores, la oportunidad de formar una cultura juvenil no existía realmente, ya que la mayoría de las personas pasaron inmediatamente a trabajar y se unieron al mundo adulto. El surgimiento de la cultura juvenil se observó realmente en el período de posguerra. La escolarización formal divide cuidadosamente a los niños por grupos de edad, y la secundaria ha adquirido una importancia enorme en la vida de los niños. Los años de secundaria se caracterizan por un período cuando los niños comienzan a sentir que son adultos y desean un sentido de independencia. En nuestra sociedad, ya no se acepta que un joven de 16 años pueda irse por su cuenta, y por lo tanto, una subcultura juvenil proporciona una salida donde los niños adolescentes pueden expresar de forma segura su deseo de separarse de sus padres, sin correr ningún riesgo de consecuencias graves.

Muchos cambios que tuvieron lugar en el período de posguerra exacerbaron la percepción de que existía una cultura juvenil distinta. Esto llegó a un punto crítico cuando se creó el *rock and roll* como un estilo musical diferente. Dado que las personas mayores tienden a ser más decididas a su manera, no se mostraron tan amables con la nueva escena musical como lo hicieron sus hijos. Se empezó a ver la música como algo que los jóvenes tenían para sí mismos que creó un mundo diferente que sus padres no podían comprender. Dentro de las categorías generales de la música *pop* y *rock and roll*, se desarrollaron muchos subgéneros de música y con los grandes seguidores de jóvenes que comenzaron a autoidentificarse por el tipo de música que preferían, creando múltiples subculturas dentro de la cultura juvenil general.

En Estados Unidos, varios otros desarrollos se unieron al mismo tiempo para crear una ruptura dramática entre los jóvenes y generaciones mayores. Estos fueron: el uso creciente de drogas recreativas, la píldora anticonceptiva y la Guerra de Vietnam. Dado que las personas mayores no habían estado expuestas en su juventud a drogas como la marihuana, LSD y heroína, se creó una gran "brecha generacional" que diferenció a los jóvenes de generaciones mayores. La falta de métodos anticonceptivos efectivos también mantuvo al comportamiento sexual bajo control en épocas anteriores, pero la píldora anticonceptiva pareció eliminar las consecuencias de la actividad sexual, llevando a los jóvenes a adoptar diferentes valores a los de sus padres. La guerra en sí dio lugar al conflicto intergeneracional, ya que muchas personas en su contra tendían a ser más jóvenes, mientras que generaciones mayores estaban vinculadas al sentido tradicional del deber. Con el *rock and roll* y otros cambios culturales, y la idea de que la "rebelión" se hacía más popular, los estilos de ropa cambiaron para adaptarse a los gustos de las personas más jóvenes que eran distintas de la ropa que usaban las personas mayores.

Entonces, en realidad fue la década de 1960 que dio origen a la noción de la cultura juvenil.

Sin embargo, la creencia de que existe una cultura juvenil diferente todavía parece inestable. La base de la cultura juvenil se basa en diferentes gustos. Los adolescentes pueden vestirse diferente que sus padres, escuchar diferente música, usar una jerga diferente y consumir medios de comunicación de forma diferente.

Sin embargo, es posible que estas diferencias no sean suficientes para declarar enfáticamente que hay una cultura juvenil diferente.

Las investigaciones han demostrado que los padres y los hijos adolescentes en realidad sobrestiman las diferencias entre ellos. La realidad es que aunque un niño se vista diferente y escuche diferente música que su madre y su padre, comparten en gran medida los mismos valores y perspectivas de la vida. La mayoría de los adolescentes conservan las creencias religiosas y hábitos alimenticios del hogar en el que se criaron.

Ya sea que exista o no una cultura juvenil diferente, los gustos especiales de los adolescentes tienen grandes implicancias en las sociedades occidentales. Particularmente, los comerciantes a menudo aprovechan el deseo inherente de los jóvenes de separarse de sus padres y obtener su propia idea de independencia al satisfacer estos deseos. Esto se hace de muchas formas: ofreciendo productos de belleza, calzado, ropa, juegos y otros accesorios que se venden directamente a los jóvenes. A veces, se cultivan distintos gustos alimenticios, o se enfatiza el ambientalismo. La música sigue siendo una fuerza potente en la cultura juvenil.

Si bien puede que no haya una cultura juvenil diferente, en el verdadero significado de la palabra, los jóvenes han tenido un gran impacto en el cambio social. Esto se ha visto por varias décadas. El notable activismo político a menudo se ha visto entre las generaciones más jóvenes, como apoyar el derecho de la mujer a votar, el movimiento por los derechos civiles y protestas en contra de la Guerra de Vietnam. Los jóvenes también fueron parte de los cambios culturales que tuvieron lugar en la década de 1920 en Estados Unidos. Dicho activismo no se limita a los Estados Unidos, Primavera Árabe y las protestas chinas en la plaza Tiananmen son otros ejemplos recientes en otros países. Una vez más, en promedio, las personas mayores tienden a mostrarse en su forma y son más resistentes a las nuevas ideas, por lo que es menos probable que los grandes cambios políticos provengan de personas mayores. Dicho esto, no parece indicar que, por sí misma, existe una cultura que se forma entre los jóvenes.

Características de la cultura juvenil

Asumamos que el concepto de una cultura juvenil distinta es real. ¿Qué la distingue? Una subcultura se distingue de la cultura en una o más formas. La cultura juvenil se define por:

- Edad
- Vestimenta
- Música
- Consumo de los medios sociales
- Patrones de habla
- Actividades sociales preferidas

Cada uno de estos puede dividirse en más subculturas distintas. Por ejemplo, algunos niños prefieren la música *country*, otros el *hip-hop*, y otros el *heavy metal*. En entornos de adolescentes, estas diferencias generalmente harán que los niños formen diferentes subgrupos o peñas (ver más abajo) en función de los intereses compartidos. Mientras que algunos se inclinan a ciertas peñas basadas en intereses musicales compartidos o incluso en el uso de drogas, otros formas peñas basadas en la participación de deportes o éxitos académicos.

La cultura juvenil proporciona a los jóvenes un fuerte sentido de identidad. Este proceso se traslada a las subculturas que se forman en base a interés comunes más específicos. Los jóvenes se identificarán fuertemente con su subcultura.

Algunos sociólogos sostienen que los distintos patrones que se han visto entre adolescentes en la forma que hablan, se visten y otros hábitos, se forman como resultado de tendencias ocultas. Estas tendencias las comienzan los niños y pueden ponerse de moda y difundirse ampliamente, o no. Cuando los adultos notan estas tendencias, es posible que las encuentren amenazantes o alarmantes. Sin embargo, si la tendencia es popular, más niños la seguirán, y se seguirá difundiendo formando una subcultura propia. Eventualmente, puede ser adoptada por los jóvenes en general y atraer la atención de los comerciantes. Estas subculturas pueden distinguirse de varias formas que se ajustan a la definición de cultura general. Un ejemplo de las décadas pasadas es la subcultura "gótica", que se caracterizó por jóvenes que se vestían de negro, y las mujeres posiblemente lo usaban en su maquillaje. Los miembros de una subcultura formada entre jóvenes puede desarrollar sus propios estilos de de lenguaje y jerga, usando el lenguaje para ayudar a diferenciarse de los "forasteros".

Una vez que se ha identificado un rasgo fuerte de una subcultura, los comerciantes pueden desarrollar productos para vender a esa subcultura.

En verdad, hay un tira y afloja entre los comerciantes y los jóvenes. Es decir, los comerciantes identifican tendencias y les sacan el máximo rendimiento, o pueden trabajar para estimular las tendencias ellos mismos.

Los medios sociales desempeñan un rol importante en el desarrollo de las subculturas juveniles. Las nuevas tendencias pueden popularizarse y extenderse rápidamente. Si bien en el pasado, se necesitaba del "boca a boca", básicamente, para difundir una subcultura juvenil, los medios sociales le permiten proceder virtualmente de forma instantánea. Un video subido a YouTube que se hace "viral" puede ser todo lo que se necesita.

Las subculturas proporcionan una forma para que los jóvenes se destaquen. Pueden dominar los aspectos de su subcultura particular y alcanzar un alto estatus. En cierto sentido, una subcultura juvenil puede servir como práctica para alcanzar un estatus en la adultez. Aunque el atletismo es una cultura establecida que generalmente no se ajusta a las definiciones de cultura contraria que definen a la cultura general, sirve como ejemplo de una subcultura que puede usarse para obtener estatus. Los miembros de un equipo de atletismo pueden compartir diferentes vestimentas, como usar sus chaquetas grandes en la escuela o las últimas zapatillas de deportes. Pueden caminar de forma diferente o frecuentemente llevar una pelota con ellos para indicar que son atletas. Estas en un equipo de básquetbol puede llevar a los miembros a incorporar su propio lenguaje que no se comparte con el grupo externo. Lograr el éxito durante un partido agregará estatus tanto dentro del grupo como externamente.

Un estatus similar se puede alcanzar en otras áreas. En el caso de una tendencia, puede ser maquillarse o usar esmalte de uñas de cierta forma, o usar un cierto peinado. Un joven puede alcanzar estatus convirtiéndose en experto en aplicar el nuevo estilo a otras personas. En todo caso, el lenguaje desempeña un rol central que permite a los jóvenes ganar estatus y destacarse de la multitud, mientras que al mismo tiempo pertenece a un grupo "especial" que ofrece apoyo y seguridad.

¿Por qué los jóvenes quieren pertenecer a las subculturas? Una razón importante es que les brinda una salida que pueden usar para separarse de sus padres. Los ayuda a sentirse independientes y a encontrar una nueva identidad aparte de la de su infancia.

Una subcultura juvenil da un sentido inmediato de pertenencia. Esta es una necesidad muy importante para los adolescentes, que están pasando por una etapa de mucha inseguridad en sus vidas. La capacidad de pertenecer a un grupo especial al que la mayoría no pertenece, los ayuda a sentir la aceptación que anhelan. Dado que los jóvenes se encuentran en un estado perpetuo de anhelo de aceptación, una subcultura satisface sus necesidades en el sentido de que les proporciona un grupo de apoyo especial que solo está disponible para aquellos que son miembros de la subcultura.

Los adolescentes son inseguros por naturaleza, y una subcultura les da algo para convertirse en expertos, y así reducir sus sentimientos de inseguridad. Los jóvenes se sienten mejor sobre sí mismos cuando hay algo que los separa de sus padres, mientras que al mismo tiempo les da la sensación de que saben mucho sobre su pequeña subcultura. Los *skaters* forman una subcultura dentro de la subcultura juvenil. Convertirse en el mejor *skater* los ayuda a obtener estatus y a recibir elogios de sus iguales.

Veamos más en detalle las características de la cultura juvenil y las subculturas generales. Cuando hablamos de la cultura juvenil, la edad es quizás una característica definitoria central. La edad puede ser muy restrictiva. Por ejemplo, cuando los estudiantes de secundaria pasan a la clase del último año, comienzan a sentirse separados del resto de los estudiantes. Pueden aislarse en interacciones sociales restringidas solo a los de esa clase particular.

Por otro lado, se pueden formar muchas subculturas que tienen rangos de edad más amplios. En el ejemplo anterior, mencionamos brevemente la subcultura gótica. Aquí la edad no es una característica definitoria.

Hemos mencionado que una subcultura puede desarrollar sus propias variaciones de lenguaje. También puede desarrollar sus propias tradiciones y actividades que la diferencian del exterior. Esto podría incluir fiestas privadas donde se toca solo música que es aceptada en el grupo. O, si es un grupo religioso, pueden participar en sesiones de oración.

Como lo ilustra la subcultura gótica, la vestimenta y la moda pueden ser una forma importante y útil de diferenciar al grupo de otros y de identificar a otros miembros del grupo. Los estudiantes en la escuela sabrán exactamente cuáles son los "góticos" con una inspección visual inmediata. La vestimenta compartida ayuda a los "góticos" a conectar de forma inmediata entre ellos, e incluso puede que se sientan conectados con otros niños de otras escuelas, uno que es incluso más fuerte que los lazos tradicionales como clase, género y escuela.

El lenguaje y la forma de vestir pueden permanecer en la subcultura, desvanecerse o incluso extenderse a la cultura general para que se adopte generalmente. Una gran cantidad de lenguajes informales utilizados actualmente ("eso es genial") surgieron de la subcultura juvenil en la década de 1960.

Grupos de iguales

Por lo general, se considera que un grupo de pares es un grupo definido por miembros de la misma edad. En la sociología, un grupo de pares es un grupo social cuyos miembros tienen la misma edad o similar, pero también vienen de la misma clase social y antecedentes y comparten intereses similares. El grupo de pares se define por los roles en la sociedad así como por intereses y experiencias. Las edades en los grupos de pares no tienen que ser exactamente las mismas. Todos los estudiantes universitarios, sin importar si tienen 22 o 19 años, forman un grupo de pares. Sin embargo, los profesores y los estudiantes, que ocupan diferentes rangos de edades y roles en la sociedad, no forma un grupo de pares.

Los grupos de pares actúan como agente de socialización, además de los padres y otros adultos. Lo más importante es que un grupo de pares les da a los niños la oportunidad de formar relaciones por su cuenta. Los miembros de un grupo de pares pueden compartir información e intereses que no comparten con sus padres. Este es un tema común a lo largo de la historia; es perfectamente natural que los adolescentes, particularmente, busquen separarse de sus padres, que probablemente no comparten los mismos gustos musicales, en la vestimenta y en otros aspectos de la vida.

Los intereses comunes entre grupos de pares se pueden dividir en categorías permisibles e inadmisibles, desde la perspectiva de los adultos. Los intereses permisibles compartidos entre pares incluyen académicos, ropa, música y deportes. Las categorías inadmisibles incluyen drogas, consumo de alcohol, actividad sexual y delincuencia juvenil como delitos contra la propiedad o algo peor.

En general, se sabe que los niños internalizarán el comportamiento y los valores de su grupo de pares. Este es el origen de la frase "juntarse con la gente equivocada" que refleja un niño criado en un buen hogar con valores y morales sólidos que "cayó" en un mal grupo de pares y adoptó sus valores en lugar de aquellos que le enseñó sus padres. Esto puede llevar a un comportamiento disfuncional como conductas sexuales de riesgo o incluso actividades delictivas y uso de drogas.

Los grupos de pares tienen varios aspectos positivos. El beneficio mayor es que ayudan a enseñar a los niños a formar relaciones. Dentro del grupo de pares, un niño aprende cómo formar y mantener relaciones por su cuenta, independiente de la supervisión de los padres o adultos.

Los grupos de pares también sirven como fuente de información. Si bien todos compartimos el mundo, se puede decir que las personas en etapas diferentes de la vida están en un mundo propio. Dado que los niños comparten la experiencia de crecer juntos e ir a la escuela o participar en actividades como deportes organizados, los miembros de un grupo de pares puede proporcionar información valiosa y apoyo.

Un grupo de pares también ayuda a los niños a aprender los roles de géneros definidos en la cultura. De manera más general, los grupos de pares proporcionan un espacio de fácil acceso para las referencias sociales relacionadas con aprender normas, valores y costumbres. Si los grupos de pares son diversos, también ayudan a los niños a aprender las normas, valores y costumbres de culturas diferentes. También les enseñan a los niños el valor de la unidad y de la acción colectiva.

Las pruebas y tribulaciones de las relaciones con compañeros también les da a los niños y adolescentes una "prueba" para la edad adulta. Estas experiencias producirán mucho dolor emocional, pero aquellos que no las superen carecerán de habilidades sociales importantes en la adultez.

Los grupos de pares también tienen muchos aspectos negativos. Por ejemplo, los adolescentes son hipersensibles a las opiniones de otros y generalmente quieren complacer a sus compañeros. Esto lleva a una situación familiar conocida como "presión social", donde los miembros de un grupo alientan al niño a participar de alguna forma de comportamiento destructivo. Esto puede ser, beber alcohol por primera vez, participar en actividades sociales cuando aún no están preparados, o incluso ser parte de actividades delictivas. Las conductas de riesgo acompañan a la mayoría de las "presiones sociales".

Dentro de los grupos de pares, se forman muchos subgrupos a medida que los niños se separan en sus propias peñas. Una peña es un pequeño grupo de amigos de entre 2 a 12 niños. Estos grupos tienden a ser relativamente homogéneos socialmente. Por lo tanto, es probable que los miembros de una peña sean del mismo género y compartan intereses en común y amistad. Típicamente, también son de la misma raza y etnia, aunque esto no se observa de forma estricta. Los miembros de una peña también tienden a tener un nivel similar de experiencia académica. Las peñas también ayudan a los adolescentes a obtener un sentido de seguridad durante un tiempo en que la inseguridad y el miedo de no "encajar" son fuerzas emocionales abrumadoras. Los miembros de una peña tienden a verse a sí mismos como pertenecientes a un grupo distinto con el resto de grupos de pares como, en cierto sentido, "forasteros".

Capítulo 9:

La escuela, la educación y la socialización.

La escuela, la educación y la socialización.

Desde que la educación pública se ha convertido en la Ley de la tierra, la escuela ha tomado el rol de agente de socialización primaria. En el rol de la educación, la escuela tiene la tarea de impartir conocimiento importante que le permitirá al estudiante funcionar de forma efectiva en la sociedad. Este tipo de conocimiento toma muchas formas, algunas más prácticas que otras. Por ejemplo, en una sociedad occidental desarrollada, se considera importante que todos niños sepan leer y escribir. No solo se espera que los niños escriban, sino que también sean capaces de hacerlo a un nivel de funcionalidad mínimo. Se espera que la escuela les enseñe estas habilidades junto con otras habilidades básicas como la aritmética y conocimiento básico de conceptos científicos.

Una de las funciones más importantes de la escuela al actuar como agente de socialización, es impartir conocimiento histórico. La historia previa de una sociedad se considera conocimiento importante y que debería pasarse a las nuevas generaciones. En épocas pasadas, los ancianos de la familia o de la aldea eran importantes para este proceso, pero en la actualidad se ha formalizado. Esto tiene sentido desde que el conocimiento histórico se ha vuelto mucho más extenso que las experiencias de uno o unos pocos individuos, y la sociedad ha decidido que un entendimiento más profundo de las fuerzas históricas deberían aprenderlo todos los niños.

La escuela, en realidad proporciona la socialización con dos funciones. También funciona como institución donde los niños pueden estar entre los miembros de su grupo de pares.

Aquí, ellos tienen la oportunidad de formar nuevas relaciones sin la supervición ni la ayuda de sus padres. Generalmente, estas amistades se limitarán a las de un grupo de edad similar. Los niños aprenderán a sobrellevar los altibajos del conflicto, dentro del entorno generalmente seguro de la escuela. El carácter de estas interacciones variará de forma considerable, desde la introspección y la presión social hasta una posible confrontación física en el patio de juegos. De esta forma, las escuelas actúan como agente de socialización tanto de manera formal como informal. Con esto, nos referimos a las interacciones de grupos de pares y la instrucción en clase, respectivamente. Mientras están en la escuela, se puede decir que los niños aprenden tanto de la experiencia de asistir y de los grupos de pares, como de la educación formal. Los estudiantes aprenderán cómo interactuar con el género opuesto así como con adultos que no son miembros de la familia.

Una cosa sorprendente a tener en cuenta sobre la escuela es la gran cantidad de tiempo que los niños pasan en ella. Después del jardín de infantes, los niños comenzarán a pasar la mayoría de sus días en la escuela. Esto ayuda a enseñarles un poco sobre la independencia a una edad temprana. La escuela misma también forma una gran organización con membrecías y forma una subcultura de la cual forman parte los niños. Esto les da a los niños un sentido de identidad fuera de su identidad primaria con la familia.

Ya hemos visto que las escuelas proporcionan medios formales de capacitación para dar a los niños las habilidades básicas que necesitan para hacerse camino en la sociedad.

También hemos hablado sobre cómo la escuela ha tomado el rol de transmisor de conocimiento histórico de la sociedad. Más allá de la simple lectura y escritura, las escuelas también ayudan a enseñar a los niños a comunicarse en diferentes situaciones y a lidiar con las figuras de autoridad que no son miembros de la familia. Aprender a respetar a la autoridad es una lección importante de la escuela, pero por supuesto, no todos los niños terminan aprendiéndola.

El arte y la música también son una parte importante de la educación. Los niños aprenden sobre los logros culturales de su sociedad en estas áreas, y en muchos casos, también reciben educación sobre el arte y la música de otras culturas. Las escuelas también enseñan a los niños otros idiomas.

También se les enseña a los niños las leyes de la sociedad, junto con las expectativas de comportamiento. Desde la ilustración, la apertura a nuevas ideas ha sido un tema central en la educación.

Muchos aspectos de la educación pública hace que algunos padres se sientan amenazados, ya que consideran que la escuela está pisando un territorio que creen debería dejarse en manos de ellos. En muchas formas, las escuelas enseñan a los estudiantes sobre los valores que se creen en la escuela que son o deberían ser parte del sistema de valores de la sociedad donde se ubica la escuela. En Estados Unidos y en la mayoría de los países, las escuelas son laicas, es decir que no permiten y no incorporan la instrucción religiosa. Para algunas familias, esto es un factor decisivo, y elegirán enviar a sus hijos a escuelas con afiliación religiosa, como escuelas católicas o judías. Algunos optarán por educar a sus hijos en su hogar, en un esfuerzo por "protegerlos" de valores no deseados que enseña la escuela y la influencia de los grupos de pares.

Si la educación en el hogar es deseable, es todavía algo debatible. Por un lado, es probable que un padre educado e inteligente pueda enseñar a sus hijos el lado académico de la educación. Sin embargo, la educación es mucho más que eso, involucra lecciones aprendidas de las interacciones con los grupos de pares, estar afuera de su casa por períodos largos, y estar involucrado en un entorno institucional donde deben seguirse las reglas. Los niños que asisten a la escuela fuera de casa también necesitan aprender cómo interactuar con otros adultos que no son familiares. Estas interacciones requieren respeto y un discurso cortés. Es justo decir que un niño educado en casa puede aprender "las tres R", pero también se perderá muchas lecciones complementarias que proporciona el sistema de educación, que generalmente no se consideran oficiales.

Los sociólogos han variado en su interpretación sobre cuál es el propósito de las escuelas. La teoría más conservadora sobre el rol de las escuelas es simplemente proporcionar a los estudiantes una educación sobre los aspectos prácticos del conocimiento que necesitan para convertirse en miembros productivos de la sociedad. Más generalmente, la mayoría de los teóricos están de acuerdo en que las escuelas imparten valores importantes de la sociedad y asisten con el mantenimiento de la conformidad y cohesión social.

Algunos teóricos han notado que las escuelas se han convertido en la respuesta a los problemas de la sociedad. Se espera que las escuelas enseñen a los niños sobre educación sexual o a evitar el uso de drogas, mientras que también les enseña las habilidades necesarias para ir a la universidad o para buscar trabajo. La sociedad tiene altas expectativas de que las escuelas produzcan ciudadanos bien educados y conocedores.

Las escuelas también actúan como agentes de cambio. Ideas que no se enseñan en el hogar pueden enseñarse en la escuela, y los estudiantes pueden conocer nuevas culturas que de otra forma no experimentarían. El ambientalismo ha encontrado un hogar en las escuelas, donde la enseñanza de sus principios ha ayudado a generaciones más jóvenes a ser más conscientes del medio ambiente que sus antepasados.

Las escuelas se consideran segundas en importancia para la familia en el proceso de socialización. Esto tiene muchos aspectos. Por ejemplo, los estudiantes aprenden a comportarse de forma respetuosa en el patio de juegos. También aprenden a turnarse en clase y a hablar respetuosamente a los profesores y otras figuras de autoridad.

La escuela también ayuda a enseñar a los niños a ser parte y a hacerse camino en la vida institucional. Estas lecciones importantes pueden llevarse a cabo en una amplia variedad de contextos en la adultez, donde las instituciones que deben dirigir las personas pueden incluir corporaciones, el ejército, la educación avanzada o el gobierno.

En los años recientes, las escuelas en Estados Unidos han estado llenas de muchos problemas. Los maestros se han visto obligados a desempeñar roles que lo abarcan todo, ya que los cambios demográficos y las presiones sociales crean nuevos desafíos. En muchos distritos escolares, una afluencia masiva de inmigrantes, tanto legales como ilegales, ha forzado a las escuelas a una situación donde tienen que proporcionar educación bilingüe. En otras, los maestros enfrentan situaciones donde los problemas disciplinarios requieren tanto tiempo como el tiempo que se le dedica a la educación.

Mantener la autoestima de los estudiantes se ha vuelto tan importante como hacer que realmente aprendan los materiales, haciendo más difícil mantener altos estándares de excelencia. Los estándares varían tan ampliamente en los Estados Unidos que es difícil representar lo que significa una educación pública allí, o comparar un distrito con otro. Mientras tanto, los maestros a menudo pertenecen a poderosos sindicatos que dominan cualquier discusión para modificar la forma en que funciona el sistema educacional público.

En años recientes, muchas "ciudades-estado" como Singapur, se han elevado a la cima en comparaciones internacionales de logros académicos. Una razón es que sus sistemas escolares se adhieren a estándares y expectativas de los estudiantes muy estrictos. Los estudiantes que no cumplen con estas expectativas simplemente no son atendidas, mientras que en Estados Unidos la "promoción social" se ha convertido en norma.

Muchos de los que no están contentos con el estado de la educación pública han buscado una escuela charter (o escuela autónoma), que son escuelas públicas con inscripciones limitadas que operan bajo un conjunto de reglas diferentes. Las escuelas charter se adhieren a estándares académicos más rigurosos que los hace competitivos con las instituciones privadas y religiosas. Además, las tasas de graduación y la asistencia a la universidad de los graduados de escuelas charter parecen compararse muy favorablemente con las estadísticas de las escuelas públicas regulares. Dadas las altas tasas de desempeño en estas instituciones, son muy buscadas por los padres, especialmente la minoría de padres que viven en distritos escolares pobres. Los padres han llegado a ver a las escuelas charter como la única forma de que sus hijos salgan de la pobreza.

Teorías de educación

La teoría más básica de educación se llama Teoría funcionalista. En resumen, esta teoría postula que el rol principal de las escuelas es transmitir los conocimientos básicos y prácticos que se requieren para funcionar y desempeñar un rol útil en la sociedad. Esta teoría fue respaldada por Durkheim y refleja la actitud popular que tienen la mayoría de las personas sobre la función de las escuelas.

Sin embargo, Durkheim también identificó un rol latente de la educación, en el cual la escuela formalmente indujo a los estudiantes de la sociedad en que vivían. Esto es particularmente importante para sociedades como Estados Unidos, donde hay una gran cantidad de inmigrantes.

En la Teoría funcionalista, la escuela tiene el rol de enseñar a esos estudiantes como convertirse en miembros de la sociedad estadounidense y a aprender sobre su cultura y valores. Además, los estudiantes deben aprender las reglas generales que son importantes para vivir en sociedad, como seguir los horarios, respetar las figuras de autoridad y cumplir con los plazos establecidos.

En Estados Unidos, el funcionalismo postula que deben enseñarse los valores básicos de la ciudadanía. Por ejemplo, se enseña a los estudiantes que Estados Unidos es una sociedad basada en el mérito. También se les enseña el individualismo con énfasis en los derechos individuales como se establece en la Constitución.

Los funcionalistas valoran la "clasificación", donde la competencia clasifica a los estudiantes en alumnos de alto rendimiento y los que probablemente no tendrán éxito. En Europa, este proceso puede ser bastante rígido, ya que las pruebas determinan desde un principio si un estudiante puede continuar o no la universidad en algunos países. En Estados Unidos también se aplica la clasificación, pero se hace de una forma más relajada. Aún así, los estudiantes con las habilidades más altas tienden a identificarse temprano, aunque el sistema no cuenta con muchos que están "retrasados". Los estudiantes identificados de alto rendimiento pueden ser dirigidos a un camino que les ayude a asegurarse la admisión en una escuela mejor o en universidades de primer nivel. Este procedimiento puede reforzarse mediante exámenes, que además ordenan a los estudiantes que ingresan a cursos de preparación para la universidad o cursos de colocación avanzada, haciendo que sea más probable que puedan ingresar a las mejores universidades.

Si bien el funcionalismo promueve el mantenimiento de los valores primarios de la sociedad, también expone a los estudiantes a ideas diversas y por lo tanto ayuda a impulsar el cambio y la adopción de ideales más liberales.

La Teoría del conflicto tiene una visión negativa del sistema educativo, viéndolo como una configuración para mantener estructuras de poder dominantes y para mantener la opresión de grupos menos favorecidos. Los adeptos a esta teoría señalan que la financiación de las escuelas no se distribuye equitativamente, mientras que las escuelas en áreas adineradas obtienen más fondos que les permite contratar mejores maestros y proporcionar más apoyo para los estudiantes, reforzando las dicotomías que ya existen en la sociedad.

Además, afirman que las pruebas estandarizadas y otros métodos están predispuestos en contra de los grupos pobres y minoritarios. Los teóricos del conflicto se adhieren a una doctrina de anti-capitalismo y creen que el sistema educativo está diseñado para proporcionar trabajadores conformes para ser explotados por el sistema. También lo ven como un mantenimiento de las herramientas de opresión, pero no proporcionan una solución a los problemas que afirman que tiene el sistema educativo. El lector no se sorprenderá de que la Teoría del conflicto se originara en, nada menos que con el mismo Karl Marx. La cantidad de adeptos modernos en las sociedades occidentales no está clara, pero la idea siempre será aceptada entre los radicales intelectuales.

Otra teoría de educación es el conocido Interaccionismo simbólico, una teoría que afirma estar basada en simplemente observar lo que sucede en los entornos educativos.

Según esta teoría, las expectativas desempeñan un rol importante en los resultados. Así, por ejemplo, si se le dice a un maestro que un niño es inteligente, el maestro le prestará más atención al niño, y como resultado, el niño tendrá un desempeño igual o superior al esperado. Estas ideas han sido probadas empíricamente y tienen alguna evidencia que les respalda, aunque es limitada. Además, el Interaccionismo simbólico no proporciona ninguna dirección sobre cómo mejorar la educación o cómo lidiar con los problemas que identifica.

Conclusión

Conclusión

Gracias por leer *Sociología para todos*. Esperamos que haya sido una experiencia informativa y educacional para usted y que lo ayude en sus estudios sobre este tema tan variado y fascinante. En este libro, hemos aprendido un poco sobre la historia de la sociología y cómo se formó como disciplina, la familia como agente primario de socialización y el rol de la familia secundaria o extendida.

Desde aquí, pasamos a algunos de los agentes que son importantes en la formación y crianza de los niños. El primero de ellos fue una extensa discusión sobre los medios de comunicación. Éstos últimos han crecido enormemente en los últimos doscientos años, por lo que cubrimos las diferentes formas de comunicación masiva y cómo están cambiando y creciendo. Inevitablemente, esto nos llevó al presente y al rol importante que desempeñan los nuevos métodos de comunicación masiva, como las redes sociales. Finalmente, examinamos el rol de la educación y las escuelas como agente de socialización.

Esperamos que esta guía sea informativa y pueda brindarle todas las herramientas que necesite para lograr sus objetivos y continuar con sus estudios de sociología.

Si le gustó el libro y lo encontró informativo, ¡siempre se agradece una reseña en Amazon!